Papier fresserchen

Bibliografische Information der Deutschen Nationalbibliothek:
Die Deutsche Nationalbibliothek verzeichnet diese Publikation in der
Deutschen Nationalbibliografie; detaillierte bibliografische Daten sind
im Internet über http://dnb.d-nb.de abrufbar.

1. Auflage 2011
ISBN: 978-3-86196-044-7

Titelbild: Fotolia © Dessie und © design on arrival

www.papierfresserchen.de
info@papierfresserchen.de

Alexandra Oswald (Hrsg.)

Die Krimizimmer(ei)

Spannende Kurzgeschichten für Kinder

Band 1

Lina Ebhard

Amadeus, Tamino und die Katzenfängerbande

Schneeschuh ist nirgends aufzufinden. Auch als Amadeus ihn immer und immer wieder ruft, kommt er nicht nach Hause. Katzen treiben sich gerne mal draußen herum, das weiß Amadeus. Was er aber nicht weiß, ist, dass das Radio am Morgen vor einer Katzenfängerbande warnte! Auch am nächsten Tag bleibt Schneeschuh spurlos verschwunden. Amadeus sitzt traurig auf einer Bank und grübelt.

„Kann ich dir helfen?", sagt Tamino, der unerwartet vor ihm steht.

„Hau bloß ab!" Ausgerechnet Tamino muss ihn ansprechen! Tamino, den keiner mag, weil er so dick ist und blonde Locken hat.

„Aber du weinst ja!" Tamino setzt sich und reicht Amadeus ein Taschentuch.

„Schneeschuh ist weg!" Amadeus fängt zu schluchzen an. „Ich hab ihn schon überall gesucht!"

„Lass uns gemeinsam suchen! Und zwar richtig!" Amadeus blickt auf. „Was meinst du mit *richtig*?"

Tamino zieht einen Block hervor. „Wir schreiben jetzt einen Steckbrief! Den stecken wir in Briefkästen, heften ihn an Bäume und verteilen ihn und, ach ja, ein Foto brauchen wir auch!"

„Danke!" Amadeus ist verblüfft. „Du, ich, ähm, war gar nicht nett ..."

„Schon gut", sagt Tamino und beginnt zu schreiben.

„Jetzt heißt es wohl warten!", meint Tamino, als sie

den letzten Steckbrief an einem Baum befestigen.

„Ihr sucht eure Katze?", fragt eine ältere Dame.

„Ja, Schneeschuh ist verschwunden!" Amadeus deutet auf den Steckbrief.

„Du meine Güte! Hoffentlich wurde sie nicht von der Katzenfängerbande gefasst! Das sind schlimme Zeiten!" Erschrocken blickt Amadeus die Dame an.

„Eine Katzenfängerbande?"

Die Dame nickt. „Sie fangen Katzen, um sie zu verkaufen. Die Polizei sucht sie, erfolglos bisher. Diese Bande benutzt einen großen blauen Lieferwagen, einen, wie ihn das städtische Tierheim besitzt, mit der gleichen Aufschrift am Wagen. Sie bevorzugen außergewöhnliche Katzen, heißt es." Amadeus schluckt. Schneeschuh ist äußerst außergewöhnlich!

„Was machen wir jetzt bloß?", schnieft Amadeus.

„Wir durchsuchen die Stadt nach dem Lieferwagen! Ist doch klar! So finden wir die Bande, informieren die Polizei und *schwupps* ist Schneeschuh wieder bei dir."

Amadeus und Tamino rasen kreuz und quer durch die Straßen, bis Amadeus schlagartig scharf bremst.

„Der Lieferwagen! Wir haben ihn!" Die beiden steigen vom Rad, schleichen vorsichtig die Einfahrt entlang und verstecken sich hinter zwei großen Büschen. „Das muss der Katzendieb sein!" Amadeus will losrennen, doch Tamino hält ihn zurück.

„Warte! Du weißt ja nicht, wie gefährlich der ist! Wir müssen die Polizei rufen!" Tamino zieht sein Handy aus der Tasche. Er guckt noch einmal hoch und zögert. „Amadeus, wir sind hier falsch! Ich kenne den Mann! Das ist ein Arbeiter vom Tierheim."

Sie gehen zurück zu ihren Rädern. „Wohin sollen wir jetzt fahren?", fragt Amadeus.

„Dorthin, wo sich alle Räuber und Diebe verstecken!

In den Wald!" Unterwegs erzählt Tamino von einer alten Holzhütte. „Wenn ich mich verstecken müsste, würde ich zu dieser Hütte fahren!"

Als sie den Wald erreichen, entdeckt Amadeus einen blauen Lieferwagen und tritt in die Pedale, ohne auf Tamino zu achten. „Warte, nicht so schnell!", ruft Tamino, doch Amadeus hört ihn nicht mehr. Tamino steigt ab und wartet. Nach zehn Minuten kommt Amadeus zurück.

„Wo bleibst du denn?", keift Amadeus.

„Du warst zu schnell!", sagt Tamino vorwurfsvoll. Amadeus zeigt auf Taminos Bauch. „Das glaub ich dir!" Taminos Gesicht färbt sich dunkelrot. „Ach, such doch deine Katze alleine!"

„Sorry! Das wollte ich nicht!", entschuldigt sich Amadeus.

„Ich weiß, dass ich dick bin. Meinst Du, mir gefällt das?" Tamino guckt Amadeus bitterböse an.

„Weißt du was?" Amadeus hält Tamino seine Hand hin. „Du hilfst mir, Schneeschuh zu finden. Und ich helfe Dir, sportlicher zu werden!"

Tamino schlägt ein. „Abgemacht!"

Sie fahren lange durch den Wald. „Gleich sind wir da! Hinter den großen Tannen! Siehst du sie?" Amadeus schüttelt den Kopf. „Bist du sicher, dass sie ...", doch in diesem Moment erblickt Amadeus die Hütte. „Die ist ja klein!"

Sie schleichen um die Hütte, lugen in jedes Fenster. Die Hütte scheint leer zu sein! Vorsichtig stupst Tamino die Türe an und sie treten langsam ein.

„Was macht ihr hier? Raus da!"

Die Jungen zucken zusammen und drehen sich ängstlich um. Vor ihnen steht ein großer Mann mit einer Nase, gebogen wie ein Adlerschnabel. „Wir, äh", piepst Amadeus.

„Wir spielen Schatzsucher", flunkert Tamino, seine zittrigen Hände tief in der Hosentasche versteckt.

„Das ist MEINE Hütte! Lasst euch nie wieder hier blicken!" Ein weiterer Mann betritt die Hütte.

„Das sind doch nur Kinder, Egon!", lispelt er.

„Schnauze, Friedbert!", brüllt Egon. Tamino sieht, dass Friedbert eine Box hinter sich versteckt.

„Verschwindet! Am anderen Ende des Waldes gibt es noch eine Hütte", sagt Friedbert.

Tamino und Amadeus nicken und verlassen möglichst cool die Hütte, obwohl es ihnen ganz arg mulmig zumute ist. Draußen aber springen sie auf ihre Räder und strampeln um ihr Leben.

„Glaubst du, die beiden Männer sind von der Katzenfängerbande?", fragt Amadeus.

Tamino japst noch immer nach Luft. „Ich denke schon. Friedbert hat eine Box hinter seinem Rücken versteckt! Lass uns die Polizei anrufen!"

„Was willst du ihr sagen? In der Box kann alles Mögliche gewesen sein!", meint Amadeus unbeeindruckt.

„Es lugte ein Katzenschwanz hervor!", grinst Tamino.

„Echt jetzt? Das heißt, wir haben sie gefunden?", strahlt Amadeus. „Juhu!"

Nachdem sie auf der Polizeistation dem Polizisten Jäger alles beschrieben haben, machen sich Amadeus und Tamino auf den Nachhauseweg.

„Seit wann gibst du dich mit dem Fettsack ab, Amadeus?" Hans und ein paar andere aus ihrer Klasse stehen vor ihnen. Amadeus reagiert nicht.

„Ahhh! Amadeus hat wohl einen neuen Freund, den Gehsteigpanzer!", lacht Hans.

„Halt die Klappe, Hans!" Amadeus fährt davon, Tamino strampelt ihm nach.

„Das hättest du nicht tun müssen! Das sind doch deine Freunde!", meint Tamino.

„Tolle Freunde! Nicht einmal helfen wollten sie mir. Aber Du! Du bist ein echter Freund."

„Du willst mein Freund werden?", fragt Tamino zögerlich und hörbar erstaunt.

„Nein! Wir sind doch schon Freunde!"

Fast eine Woche später erfahren Amadeus und Tamino von der Polizei, dass die Katzenfängerbande gefangen wurde. Sie können es kaum erwarten, Schneeschuh abzuholen. Doch Polizist Jäger hat keine guten Nachrichten. „Es tut mir leid, Amadeus. Schneeschuh war nicht dabei."

Amadeus ist so traurig wie nie zuvor in seinem Leben. Er will niemanden sehen, auch Tamino nicht! Tamino aber ist kein bisschen böse. Er beschließt, Frau Herz zu besuchen! Sie wohnt ein paar Straßen weiter. Sie ist oft alleine und freut sich über seine Besuche.

„Schön, dich zu sehen, Tamino! Komm rein. Es gibt frischen Apfelkuchen!" Sie essen Kuchen und trinken heißen Kakao, als es unter dem Tisch schnurrt.

„Ich wusste nicht, dass sie eine Katze haben!"

„Sie ist mir vor über einer Woche zugelaufen. Sie ist so niedlich!" Entzückt ruft Frau Herz unter den Tisch. „Flöckchen! Komm raus! Wir haben Besuch!"

Als die Katze auf die Bank hüpft, lässt Tamino die Gabel auf den Teller plumpsen. „Das ist doch ..." Er kramt aus seiner Tasche den Steckbrief hervor. „Schneeschuh! Die Katze von Amadeus!" Er deutet auf das Bild.

„Bitte, Frau Herz, darf ich den Kater mitnehmen?" Frau Herz nickt. „Obwohl. Nein, lieber nicht! Amadeus soll ihn abholen. Mit einem Katzenkörbchen."

Tamino beeilt sich, Amadeus die freudige Nachricht zu überbringen und schon wenige Minuten später klin-

gelt es an der Haustüre von Frau Herz. „Schneeschuh!",
ruft Amadeus und schon kommt der Kater angeflitzt und
springt auf seinen Arm.

„Danke Tamino! Du hast mir Schneeschuh wieder gebracht! Du hast dein Versprechen gehalten! Und ich werde
es auch tun! Schließlich sind wir Freunde!"

„Ja, Freunde, richtige Freunde!", sagt Tamino und
strahlt, wie selten zuvor in seinem Leben.

Lina Ebhard *ist 31 Jahre alt und lebt mit ihrem Mann in München. Sie*
schreibt seit einigen Jahren und konnte bereits einige ihrer Geschichten
veröffentlichen. Ihr erstes Kinderbuch „Gustav und das Terror-Trio" er-
schien im März und ihr zweites „Wenn es Zimtsterne schneit" im Herbst
2010 im Papierfresserchens MTM-Verlag.

Marion Trost

Peer & Pjotr
Schnüffeling

„Das darf doch wohl nicht wahr sein!"

Die energische Stimme Fiodora Steins prescht durch die 5c wie ein tosender Orkan. Auf eine Erklärung hoffend, steht die zierliche Pädagogin neben Sandro und Ferenc. Doch aus deren Mündern schlüpft nicht eine einzige Silbe. Stattdessen starren die beiden mit feuerroten Köpfen nach vorn zur Tafel. Wie oft hatte die Lehrerin mit den schrillsten und längsten Fingernägeln der Schule ihren Schülern ans Herz gelegt, aufs Schummeln zu verzichten?! Aber die zwei mussten ja mal wieder aus der Reihe tanzen.

„Nach der Stunde treffen wir uns beim Schulleiter!", ergreift sie noch einmal das Wort, „diesmal wird euer Verhalten Konsequenzen nach sich ziehen!" Und der Klasse verkündet sie: „Ihr habt noch zwanzig Minuten."

Ach du Schreck!

Für Ulrike sieht es nicht gut aus. Missmutig schielt sie auf ihr Blatt Papier, auf dem erst vier Hauptstädte notiert sind: Kopenhagen, Paris, Stockholm und Berlin. Alle restlichen Antworten befinden sich auf einem Zettel, den sie unter ihrer Federmappe versteckt hat. Nur wagt sie es jetzt nicht mehr, ihn auch zu benutzen.

In der Frühstückspause schlendern Ulrike und Martha Rose zum Schwarzen Brett. Ulrike ist gleich hellauf begeistert, als sie dort erfährt, dass man auf der Suche nach einem fähigen Redakteur (m/w) der Schülerzeitung sei. Derjenige, der bis Montag den besten Artikel schreibe, werde diesen heiß begehrten Posten erhalten, verspricht die Schulleitung. Ulrike strahlt übers ganze Gesicht und präsentiert dabei ihre Zwillingsgrübchen.

„Das müsste eigentlich zu schaffen sein", freut sie sich. In diesem Moment kommen auch Sandro und Ferenc am Schwarzen Brett vorbei.

„Das wird der Stein noch leidtun!", ärgert sich Ferenc lauthals, „die hat doch nicht mehr alle! Wenn meine Eltern von dem Verweis was mitkriegen, bin ich geliefert."

Martha Rose und Ulrike spitzen unauffällig die Ohren und tun so, als wären sie noch am Lesen.

„Lass uns eine kleine Überraschung vorbereiten", schlägt Sandro daraufhin vor. „Das hat die doch verdient, oder Kumpel?" Sein hämisches Grinsen kann einfach nichts Gutes bedeuten. Dann verschwinden die Jungen in der Toilette. Vermutlich, um einen Plan auszuhecken.

„Glaubst du, die haben wirklich was vor mit Steinchen?", fragt Martha Rose, während sie und Ulrike ihre Schritte zum Treppenaufgang lenken.

„Wir werden sie im Auge behalten, Röschen", kommentiert Ulrike überzeugt. In der dritten Etage angekommen, bleibt Ulrikes Aufmerksamkeit sofort am Lehrerzimmer haften. Neugierig tritt sie heran und legt ein Ohr an die angelehnte Tür, aus der eine ihr bekannte aufgeregte Stimme schallt. Martha Rose hingegen findet diese Aktion eher nicht so gut.

„Lass uns abhauen, Rieke!", bittet sie ihre beste Freundin. Aber Ulrike ist noch nicht willens dazu und macht: „Scht!"

„Manfred, ich habe dir schon tausendmal erklärt, dass sich an meinem Entschluss nichts mehr ändern wird", sagt Fiodora Stein scharf, „wir passen einfach nicht zusammen!"

Ulrike verdreht angewidert die Augen und formt ihre Lippen zu einem Flüstern. „Ihr Ex", deutet sie zu Martha Rose. Dann wird Fiodoras Stimme noch lauter, sie schreit fast ins Telefon, als würde sie einem Schwerhörigen etwas zu erklären versuchen.

„Komm jetzt endlich", zischt Martha Rose, „du kannst doch nicht einfach ein Gespräch belauschen."

„Mensch, Röschen, sie ist doch meine ..."

Bevor Ulrike das Wort *Tante* aussprechen kann, packt Martha Rose ihre Freundin am Arm und schleift sie mit sich. „In der Schule, meine liebe Rieke, ist sie deine Lehrerin, kapiert?!"

„Ooch, Röschen", beschwert sich Ulrike, „du bist heute mal wieder furchtbar kleinlich."

Aber Martha Rose tut so, als hätte sie das überhaupt nicht gehört und schiebt Ulrike stattdessen in den Kunstraum, wo Herr Meisterpilz bereits – etwas an die Tafel zeichnend – auf seine Schüler wartet. Der letzte Schultag dieser Woche vergeht eher schleppend und den beiden Freundinnen wäre nicht in den Sinn gekommen, dass ihnen noch eine Überraschung bevorstehen würde. Nach dem Unterricht entdecken sie jedoch gleich die große Menschentraube auf dem Parkplatz direkt gegenüber der Schule. Während des näheren Herantretens erkennen sie schließlich den Grund der Zusammenkunft einiger Lehrer, des Schulleiters Wilhelm Hanseling und zweier Polizeibeamter.

„Das ... das ... glaub ich nicht!", stammelt Ulrike vor sich hin, während sie das rote Cabriolet ihrer Tante Fiodora Stein mustert. Auch Martha Rose klappt sofort der Kiefer herunter. Die Scheiben wurden rundherum herausgetrennt und auf der Motorhaube wurde mit roten krakeligen Buchstaben eine Nachricht hinterlassen: *Das wirst du noch bereuen, du dämliche Kuh!* Das Schluchzen Fiodora Steins ist über den ganzen Parkplatz zu hören. Immerhin hat sie sich diesen Luxuswagen erst vor einigen Monaten gegönnt.

„Das waren bestimmt die beiden Spinner!", empört sich Martha Rose.

Ulrike überlegt. „Und wie hätten sie das machen sollen, Röschen? Sie waren doch die ganze Zeit in der Klasse." „Die haben wen dazu angestiftet", ist Martha Rose sich sicher.

Aber Ulrike schwirrt ein anderer Gedanke durch den Kopf. „Komm, Röschen, wir müssen zu mir. Schnell!"

Gleich nach ihrer Ankunft zieht Ulrike einen schwarzen Koffer unter ihrem Bett hervor und öffnet ihn. Rasch verteilt sie einige Perücken, etwas Schminkzeug, diverse Klamotten und verschiedene Accessoires auf dem Teppich. „Ähm – Rieke?", wundert sich Martha Rose, „was machst du da eigentlich? Gehört das nicht alles deiner Schwester? Darfst du das überhaupt?" Klar weiß Ulrike Boon, dass all diese Sachen ihrer älteren Schwester Charlotte gehören, die am Theater als Maskenbildnerin arbeitet.

„Wir kriegen raus, welcher Lump das war, Röschen, ganz sicher."

„Aber die Polizei ..."

„Ach, die Polizei hat genug zu tun. Und meistens werden solche Sachen gar nicht aufgeklärt", fällt Ulrike ihrer Freundin ins Wort. „Wir dürfen keine Zeit verlieren und sollten uns gleich an die Observation machen."

„Obser...was?", wiederholt Martha Rose hinterfragend. Schließlich weiht Ulrike Martha Rose in ihren Plan ein.

Etwa zehn Minuten später stehen beide Mädchen vor Ulrikes ovalem Spiegel. Jede mustert die andere ausgiebig, und keine kann sich das Lachen verkneifen, als sie ihre neuen Ichs in voller Größe betrachten.

„Du siehst voll zum Brüllen aus, Rieke", feixt Martha Rose mit feuchten Augen.

„Hast ganz schön an Gewicht zugelegt, meine Gute!"

Ulrike versucht, ihrer Stimme nun Ernsthaftigkeit zu verleihen. „Ab jetzt bin ich Peer Schnüffeling und du Pjoto Schnüffeling, klar?", sagt sie und steckt Martha Rose einen Ausweis in die Hosentasche, auf dem *Pjoto Schnüffeling* zu lesen ist.

Martha Rose hält sich vor Lachen mit einer Hand den Bauch und mit der anderen salutiert sie wie der Kapitän eines Schiffes. „Jawohl, Herr Schnüffeling – ich meine, Herr Peer Schnüffeling."

Wenig später verlassen die Detektive ihr Quartier; ausgerüstet mit Fotoapparat, Zeitung, Gummihandschuhen und Handy treten sie hinaus auf die belebte Straße. Kaum haben die Schnüffelings einige Meter Fußmarsch hinter sich gebracht, preschen Sandro und Ferenc mit einem Fußball an ihnen vorbei.

Die Detektive erhöhen daraufhin ihr Tempo, um ihre auserwählte Zielperson in Augenschein zu nehmen. Vor dem Wohnhaus des schlaksigen Mittvierzigers setzen sich Peer und Pjoto Schnüffeling auf die Bank unter der uralten Weide. Peer tut so, als würde er interessiert in der Zeitung lesen, während Pjoto die Kamera betriebsbereit macht.

Eine Stunde vergeht, doch nichts geschieht. Gerade als Peer Schnüffeling noch einen Blick auf seine Armbanduhr werfen möchte, kommt Manfred Ohst vergnügt die Straße entlanggelaufen. In der linken Hand eine braune Plastiktüte tragend, steuert er vor sich hin pfeifend seine Wohnung an, hält davor kurz inne und marschiert schließlich mit eiligen Schritten Richtung Hinterhof.

„Es geht los", flüstert Peer Schnüffeling.

Die Detektive blinzeln sich zu. Pjoto schleicht unauffällig hinter Ohst her und macht ein Foto, während Ohst, sich unbeobachtet fühlend, seinen Beutel in den grauen Abfallcontainer wirft. Dann reibt er sich er schmunzelnd die Hände und sucht unverzüglich seine Wohnung auf. Peer und Pjoto Schnüffeling treten nun zum Container, streifen sich die Handschuhe über und werfen einen Blick in das von Ohst weggeworfene Utensil.

„Bingo", freut sich Peer Schnüffeling, als er außer der Sprühflasche auch das pinkfarbene Handy Fiodora Steins ausfindig machen kann.

„Du hattest echt den richtigen Riecher", nickt Pjoto anerkennend und tippt indessen die 110 auf der Tastatur des Handys ein.

An diesem Wochenende hat Ulrike es noch geschafft, einen informativen und spannenden Artikel zu verfassen. Das Herz klopft ihr bis zum Hals, als sie diesen am Montagmorgen im Sekretariat der Schule abgibt.

In der Mittagspause ist es dann soweit. Alle Schüler und Lehrer versammeln sich in der Aula, um der Verkündung des Ergebnisses beizuwohnen. Schulleiter Wilhelm Hanseling tritt ans Mikrofon und räuspert sich ein paar Mal. Schließlich beginnt er feierlich, die Überschrift des Gewinnerartikels vorzulesen: „Peer und Pjoto Schnüffeling geben Polizei wichtigen Hinweis!"

Als der längst ergraute Schulleiter geendet hat, bricht ein tosender Beifall aus. Ulrike hat das Gefühl, jeder der Anwesenden würde trotz des Lärms ihre galoppierenden Herzschläge hören können. Dann sagt Wilhelm Hanseling stolz: „Sehr gut gemacht, Ulrike. Du hast das Potenzial, eine richtig gute Journalistin zu werden. Weiter so. Aber eines würde mich noch interessieren: Woher kennst du diese beiden ominösen Herren?"

Alle Augenpaare sind erwartungsvoll auf Ulrike gerichtet, die nun ein wenig nervös auf dem Stuhl hin und her rutscht. Was könnte sie darauf antworten?

Nach einer Weile erhebt sie sich mutig und sagt: „Erst einmal vielen Dank dafür, dass ich die neue Redakteurin sein darf. Aber weil ich tatsächlich Journalistin werden möchte, fühle ich mich schon heute an den Ehrenkodex gebunden. Ich hoffe, ihr versteht das."

Nach der Veranstaltung sagt Martha Rose verwundert: „Und ich dachte, du wirst mal der beste Schnüffler aller Zeiten."

Ulrike legt den Arm um die Schulter ihrer Freundin, fängt an zu kichern und meint: „Röschen, Röschen!"

Marion Trost: Schon in der Grundschule wurde sie von Buchstaben und Wörtern beinahe magisch angezogen. Während ihrer kaufmännischen Ausbildung schrieb sie immer wieder kurze Texte, die sie später in andere einfließen ließ. Inzwischen sind einige ihrer Geschichten in der Lese-Drehscheibe und in Anthologien erschienen sowie ihr erstes Buch „Jaspos Quigh und die Zauberin aus Zucketh". Mehr Infos zum neuen Buch, das im Papierfresserchens MTM-Verlag erschienen ist und zu anderen Projekten unter: www.marion-trost.com

Gabriele Datenet

Die Hütte im Wald hatte etwas Unheimliches. Klein und windschief stand sie zwischen hohen Bäumen, deren Wipfel im schwindenden Tageslicht hin- und herschwankten. Die kleine Gartenpforte davor war umwachsen von rankendem Efeu, und wie es schien, aus den Angeln gebrochen.

Tobias sah sich um. Wo war er hier eigentlich? Dieses Haus hatte er noch nie zuvor gesehen, obwohl er oft durch diesen Wald streifte. Die ersten Sterne funkelten bereits am Himmel und er hätte eigentlich jetzt den Heimweg antreten müssen, doch die Neugier lockte ihn, dieses kleine, offenbar leer stehende Gebäude, näher zu begutachten. Wenigstens einmal wollte er kurz durch die Fenster schauen, die jetzt wie aufgerissene dunkle Augen wirkten und in das Dunkel des Dickichts zu blicken schienen. Die Scheinwerfer eines Autos tauchten plötzlich auf und glitten über ihn hinweg. Tobias duckte sich instinktiv hinter einen Busch.

Der Wagen hielt direkt neben ihm und im Schein des aufgehenden Mondes konnte er zwei Männer darin erkennen, die offenbar miteinander stritten. Die Lichtkegel erloschen und die Türen wurden geöffnet. Für einen Augenblick hielt Tobias die Luft an.

„Keine Angst, die kriegen uns nicht!", hörte er den einen sagen. „Auf diese Hütte hier kommt kein Mensch! Und nun lass uns endlich die wertvolle Fracht ausladen! Die Kleine wird uns einen feinen Batzen Geld einbringen."
Tobias drückte sich tiefer ins Gebüsch und sah entsetzt da-

bei zu, wie die Männer ein gefesseltes Mädchen aus dem Kofferraum herausholten. Er sah die Panik in ihren Augen und ihre vergeblichen Versuche, sich zu wehren. Er hörte ihre Schreie, die vom Knebel gedämpft wurden und das Lachen der Männer, als sie sie mit einer Wildkatze verglichen. Längst schon waren die Gangster mit ihr im Haus verschwunden, doch Tobias hockte immer noch hinter dem Busch und versuchte sich zu beruhigen. Er konnte es kaum glauben, dass er gerade eben Zeuge einer Entführung geworden war. Vielleicht schreckten diese Männer nicht einmal vor einem Mord zurück! Ihm lief bei diesem Gedanken eine Gänsehaut über den Rücken. Schnell griff er zu seinem Handy und alarmierte die Polizei.

In der Hütte brannte jetzt ein schwaches Licht. Tobias lugte durch das Fenster und sah die beiden Männer im Kerzenschein an einem Holztisch sitzen. Ihre Erscheinung wirkte auf Tobias so abschreckend, dass er ihnen jede Bösartigkeit zutraute. Wo war das Mädchen? Er schlich um das Haus herum und sah durch das winzige Fenster, aus dem ein Lichtstrahl in den verwilderten Garten fiel. Im Schein einer Petroleumlampe sah er sie auf einem Bett sitzen, mit verweinten Augen, angekettet an dem eisernen Bettgestell. Sie erschrak, als sie sein Gesicht vor dem Fenster erblickte.

Plötzlich klingelte sein Handy. Scheiße! Seine Mutter! An die hatte er gar nicht mehr gedacht! „Tobi, wo bist du denn? Wir warten hier schon alle auf dich", sagte sie.

„Das geht jetzt nicht, Mama", flüsterte er und stellte das Handy ab. Ein Zweig knackte plötzlich hinter ihm und im selben Moment spürte er den kalten Lauf einer Pistole an seinen Hals.

„Ach, wen haben wir denn da?" Eine Alkoholfahne schlug ihm ins Gesicht. „Mitkommen Bürschchen!" Der Mann nahm ihm das Handy ab, packte ihn am Kragen und zog ihn mit sich. Im Haus roch es modrig. Die alten verstaubten Möbel und die abgetretenen Läufer erinnerten ihn an die Werkstatt seines Opas. Tobias stand schweigend vor den beiden ungepflegten Männern und hoffte auf das schnelle Eintreffen der Polizei. „Das gibt's doch nicht!", rief plötzlich einer der Gangster und sah aus dem Fenster. „Der Kleine hier hat uns die Bullen auf den Hals gehetzt!" Sie sahen Scheinwerferlichter zwischen den Bäumen aufblitzen. „Hol das Mädchen, Billy! Schnell! Wir müssen hier weg!"

Mit Handschellen aneinander gefesselt wurden Tobias und das Mädchen grob ins Auto gestoßen. Der schwarze Kombi fuhr ohne Beleuchtung den Waldweg entlang, bog in einen Feldweg ein und blieb hinter einer Hecke stehen. Sie ließen die Polizeifahrzeuge vorüberfahren und schlugen dann den Weg direkt zur Autobahn ein. Mit hoher Geschwindigkeit raste das Auto über den Asphalt. Niemand sagte ein Wort. Tobias' Herz schlug ihm bis zum Hals. Er wusste, dass er und das Mädchen in großer Gefahr schwebten.

Eigentlich hätte er jetzt um diese Zeit seine Geburtstagsgäste empfangen sollen. Fünfzehn! Vielleicht war das sein letzter Geburtstag! Er versuchte, die aufkeimende Panik zu unterdrücken. Das Mädchen neben ihm sah weinend aus dem Fenster. Tobias spürte ihre Angst und nahm ihre Hand. Sie sah ihn an und erwiderte seinen Händedruck. Tobias Blick fiel plötzlich auf eine Zeitung im Fußraum. *Entführt! Alina, 14!* Er sah das Foto des Mädchens daneben und wusste sofort, dass es Alina war, die hier gerade neben ihm saß. Entführt! Das wurde er jetzt auch gerade. Wohin würde man sie jetzt bringen? Wie konnten sie diesen Verbrechern entkommen?

„Keule, lass sie uns rausschmeißen! Die ganze Sache hier ist gelaufen!", flüsterte Billy. „Jetzt haben wir auch noch den Kleinen an der Backe. Das Risiko ist einfach zu groß!" Keule nickte und lenkte den Wagen schweigend durch die Nacht. Er hielt auf einem Schottergrundstück und stellte den Motor ab. Billy stieg aus und öffnete ihnen die Tür. Alina schrie, als Billy plötzlich die Waffe auf sie richtete. „Raus jetzt!" Immer noch hielt Tobias Alinas Hand. Er stieg aus und zog sie mit sich. Sie schluchzte. Todesangst baute sich auch in Tobias auf. „Los!", fauchte Billy und stieß die Jugendlichen vor sich her. „Schneller!" Sie befanden sich plötzlich in einer Höhle. Tobias hörte, wie der Gangster die Waffe entsicherte.

„Schnell weg hier, Alina!", schrie Tobias und rannte los. Schüsse fielen. Tobias und Alina schlichen durch die dunklen Gänge. Sie duckten sich in eine enge Nische und hielten die Luft an, als sie der Lichtkegel einer Taschenlampe streifte. Die Schritte kamen näher. Alina klammerte sich enger an Tobias. Er spürte ihr schnell klopfendes Herz. Billy pfiff kurze knappe Töne, als würde er einen Hund rufen.

„Wo sind denn die Vögelchen hingeflattert? Kommt Kinder, das Jenseits wartet." Billys Lachen hallte von den Höhlenwänden wider. Es schien ihm zu gefallen, sie in Angst und Schrecken zu versetzen. Dicht ging er an ihnen vorbei.

„Wir müssen hier weg!", flüsterte Tobias. So schnell sie konnten, tasteten sie sich schweigend durch die Dunkelheit. Sie stießen sich die Köpfe an den niedrigen Decken und stolperten über Geröll. Schritte ganz in ihrer Nähe! Tobias zog Alina fest an sich und strich ihr beruhigend über den Rücken. Sie wagten kaum zu atmen. Eine unheimliche Stille legte sich über sie. Wo war der Mann geblieben? Hatte er seine Taschenlampe ausgemacht und stand jetzt lauernd in der Dunkelheit? Ganz deutlich spürten sie seine Präsenz.

Plötzlich hörten sie direkt neben sich das Durchladen einer Waffe und im selben Augenblick spürte Tobias den Lauf einer Pistole an seinen Kopf. Das Licht der Taschenlampe ging an und erleuchtete die kleine Höhle. Entsetzt sahen sie in Billys grinsendes Gesicht. Von Todesangst erfasst, trat Alina den Mann mit einer solchen Wucht in den Unterleib, dass dieser stöhnend zusammenbrach und die Waffe fallen ließ. Tobias ergriff Waffe und Lampe und so schnell sie konnten, rannten sie davon. Die Schreie des Mannes hallten ihnen durch die Höhle nach. Da war er: der Ausgang! Wieder fielen Schüsse. Die beiden Jugendlichen rannten um ihr Leben.

Tobias stürzte plötzlich zu Boden. Eine Kugel hatte sein Bein gestreift. Durch die Handschellen war auch Alina gestürzt. Sie entriss Tobias die Pistole und richtete sie auf die beiden Männer, die jetzt direkt vor ihnen standen. „Keinen Schritt weiter! Waffe her!", schrie sie bestimmt. Billys Lachen verstummte, als Alina ihm die Waffe aus der Hand schoss. „Der Schlüssel und das Handy!" Keule warf ihr beides zu. In seinen Augen stand Angst. Tobias öffnete das Schloss der Handschellen und rief die Polizei. Sie fesselten die beiden Männer an einen Pfahl und setzten sich auf einen großen Stein.

In der Ferne sahen sie die Blaulichter der Polizeifahrzeuge. Alina und Tobias sahen sich an. Die Last der Entführung fiel von ihnen ab. Sie hatten es geschafft. „Ich glaube, wir sind ein richtig gutes Team", sagte Alina. Tobias' Herz machte einen Satz, als er ihr Lächeln sah. Der Schmerz im Bein schien verschwunden.

„Ja, das sind wir, Alina", sagte er und nahm zärtlich ihre Hand. Er wusste plötzlich, dass seine Geburtstagsfeier die schönste seines Lebens sein würde.

Gabriele Datenet, geboren 1956 in St. Blasien / Schwarzwald. Schreiben, Malen, Lesen sowie Tiere und Natur sind die großen Hobbys seit Kindheitstagen. Bevorzugte Leselektüre sind u. a. auch Kriminalromane. Veröffentlichungen in Anthologien verschiedener Genres. Inspiration für Gedichte und Kurzgeschichten durch lange Spaziergänge mit Mann und Hündin Numa.

Nicole Weinhardt

Das Messer

Seit gestern wohne ich, Neele, zehn Jahre alt, bei meiner besten Freundin Lea. Dass ich hier bin, hat einen besonderen Grund. Meine Mama hat gerade ein Baby bekommen. Und jetzt ist sie noch mit Jona, so heißt mein neuer Bruder, im Krankenhaus. Und da Papa immer lange arbeiten muss, hat Leas Mutter vorgeschlagen, dass ich ein paar Tage bei ihnen wohnen könnte. So könne ich gleich mal sehen, wie das tägliche Leben mit Geschwistern ist, hat sie gemeint.

Lea hat nämlich zwei große Brüder; Luke und Felix. Beide sind genau vierzehn Jahre alt. Trotzdem sind sie keine Zwillinge, da Luke und Felix keine echten Geschwister sind. Felix ist der Sohn von Leas Papa aus erster Ehe und Luke ist der Sohn von Leas Mama aus erster Ehe. Und zufällig sind beide nicht nur gleich alt, sondern verstehen sich auch ansonsten super. Nur mit Lea und mir wollen sie meistens nichts zu tun haben, weil sie meinen, dass wir beide noch Babys sind.

Trotzdem haben wir an diesem Abend alle zusammen verstecken gespielt. Lea hat gerade gezählt und ich bin ganz hinten ins Beet, unter einen Busch gekrochen. Da war es ganz schön dunkel und gruselig. Plötzlich hat es vorne an der Tanne geraschelt. Aber Lea konnte das nicht sein, da ich laut und deutlich ihre Stimme gehört habe. „Elf, zwölf, dreizehn, …", hat sie gezählt. Und dann hat es wieder geraschelt.

„Huuuuh", hat es gemacht. Mein Herz hat laut geklopft und dann ist Felix mit einem Satz neben mir gelandet. Ich habe mich so erschreckt, dass ich beinahe geschrien hätte. Mama sagt immer, dass ich ein riesengroßer Angsthase bin. Vielleicht hat sie ja recht damit. „Mann – Felix das ist mein Versteck", habe ich gefaucht und bin etwas zur Seite gerutscht. Und plötzlich habe ich gemerkt, dass ich mich auf irgendetwas draufgesetzt hatte. Mit meiner Hand habe ich nach dem Gegenstand getastet. Der fühlte sich eiskalt und hart an. Vorsichtig habe ich ihn hervorgezogen und gleich wieder fallen lassen, als ich gesehen habe, was es war. Denn vor mir lag ein Messer. Es hatte einen schwarzen Griff. An der Schneide klebte etwas komisches Braunes, von dem man nicht mehr sagen konnte, was das wohl mal gewesen war.

Felix schnappte sich das Messer ganz lässig und meinte, dass das Tatwerkzeug nun endlich wieder aufgetaucht sei. Nach mehr als zehn Jahren. „Was für ein Tatwerkzeug?", habe ich gefragt und cool getan. Obwohl ich mich überhaupt nicht cool fühlte.

„Das Tatwerkzeug! Weißt Du etwa nicht, dass in diesem Haus, bevor wir eingezogen sind, eine alte Frau gelebt hat. Die wurde ermordet. In ihrem Haus, mit einem Messer, mit schwarzem Griff", hat er gesagt.

„Mit einem Me...hhhssser?", habe ich ganz entsetzt gefragt und mein Herz hat schon wieder laut geklopft. „Woher willst du denn wissen, dass das ausgerechnet mit diesem Messer geschehen ist?" Das Wort *Mord* wollte ich lieber gar nicht benutzen, weil ich mich auch so schon genug gruselte.

„Die Polizei hat damals nach genau so einem Messer gesucht. Das weiß ich, weil die Polizei noch mehrmals hier war, nachdem wir schon hier eingezogen waren. Im Wohnzimmer ist es passiert. Da ist immer noch ein fetter Blutfleck unter dem kleinen grünen Teppich." Vorne an der Tanne raschelte es schon wieder. Langsam hatte ich das Gefühl, dass ich mich gleich übergeben müsste.

„Eckstein, Eckstein alles muss versteckt sein, hinter mir und vor mir gilt es nicht und an beiden Seiten nicht", hörte ich Leas Stimme durch den Garten schallen. Als sie gerade „1-2-3 – Ich komme!" rief, sprang Felix mit einem riesen Satz aus dem Beet und verschwand hinter dem Gartenhäuschen. Und ich saß immer noch unter dem Busch und gruselte mich, während ich das Messer, die Tatwaffe aus einem echten Mordfall, betrachtete.

„Das Messer muss auf jeden Fall der Polizei übergeben werden", schoss es mir durch den Kopf. Also holte ich einmal tief Luft, packte es und krabbelte nach vorne zum Gartenweg. Dann machte es *Bumm*, weil Luke und ich auf dem Gartenweg zusammengestoßen waren. „Du musst dich verstecken, Blödfrau", meckerte er mich an.

„Du bist ja selbst nicht versteckt", hab ich zurückgemeckert. „Und übrigens ist mir das Versteckspiel gerade schnurzpiepegal, weil ich die Mordwaffe gefunden habe."

Um welche Mordwaffe es sich handelt, wollte Luke interessiert wissen.

„Werden hier etwa mehrere Mordwaffen gesucht?", fauchte ich und fuchtelte mit dem Messer vor seinem Gesicht herum. „Das Messer, mit dem die alte Frau ermordet wurde, die mal hier in diesem Haus gewohnt hat", fügte ich noch hinzu.

„Hier hat noch nie eine alte Frau gewohnt", antwortete Luke und zog mich hinter dem Brennholzstapel in Deckung. Und dann wollte er das Messer genau ansehen. Als ich ihm sagte, dass die Polizei jahrelang nach genau diesem Messer gesucht habe, fing Luke plötzlich an zu grinsen und meinte, dass ich Felix aber ganz schön auf den Leim gegangen wäre. In diesem Haus wäre nie ein Mord passiert. Hier hätte vorher so eine Ökofamilie gewohnt. Die hätten ihr ganzes Essen selbst im Garten angebaut.

„Sogar Hühner hatten die", erzählt Luke weiter. „Und von Zeit zu Zeit gab es Hühnersuppe. Einmal soll ein Huhn dem Ökovater entwischt sein. Er hat es wohl mit diesem Messer bis ins Haus verfolgt. Erst im Wohnzimmer hat er es erwischt und deshalb ist da auch der große Blutfleck unter dem kleinen grünen Teppich."

Mittlerweile wurde es hier draußen langsam dunkel und jetzt fürchtete ich mich wirklich. Mama hat wohl doch recht, dass ich ein Angsthase bin. Zitternd stand ich auf und wankte hinter dem Holzstapel hervor. Auf dem Rasen vor der Terrasse blieb ich stehen und bemerkte, dass ich das Messer noch immer in der Hand hielt. Angeekelt ließ ich es zu Boden fallen. „Ich hab dich", schrie Lea in diesem Augenblick und klopfte mir auf die Schulter.

„Biiiist du verrückt, mich so zu erschrecken!", habe ich gerufen und starrte Lea wütend an. Lea musterte mich erstaunt. In diesem Augenblick rief Leas Mutter, dass wir reinkommen sollten, weil Schlafenszeit sei. Ich bin als Letzte durch die Terrassentür ins Wohnzimmer hineingegangen und als niemand hingesehen hat, habe ich den kleinen grünen Teppich angehoben und darunter war tatsächlich ein dunkelbrauner Fleck. Schnell habe ich den Teppich wieder fallen lassen und bin hinter Lea ins Badezimmer gerannt.

Als wir später in den Betten lagen, habe ich noch überlegt, wie ich Lea am besten von dem Messer erzählen soll. Und während ich überlegt habe, hat Lea angefangen, ganz tief zu atmen. Sie war eingeschlafen. Da lag ich nun allein auf meiner Matratze und habe mich gegruselt in dem fremden Haus. Die Standuhr im Wohnzimmer hat zehnmal, elfmal, zwölfmal geschlagen und dann muss ich eingeschlafen sein.

Am nächsten Morgen hatte ich das Messer zum Glück erst einmal vergessen. Bis wir das Frühstücksgeschirr in den Garten getragen haben. Da lag das Messer immer noch auf dem Rasen. Aber jetzt am Morgen sah es gar nicht mehr so furchterregend aus. „Du", habe ich zu Leas Mutter gesagt. „Da liegt ein Messer!"

„Oh, dieses Messer habe ich schon seit letztem Herbst gesucht. Ich benutze es immer, um den Löwenzahn aus dem Rasen zu stechen." Beinahe hätte ich die Tassen fallen lassen.

„Wirklich?", habe ich gefragt.

„Natürlich. Wozu kann man denn ein Messer im Garten sonst brauchen!", hat Leas Mama geantwortet. „Und guckt mal, da hat sich schon brauner Rost auf der Schneide gebildet. Wahrscheinlich, weil es lange draußen lag." Luke und Felix haben mich ganz frech angegrinst.

„Ihr Mistsäcke", habe ich lautlos gezischt. Und da haben sie nur noch breiter gegrinst.

Später habe ich Lea gefragt, was das für ein Fleck unter dem grünen Teppich im Wohnzimmer ist. „Da haben doch Luke und Felix mal ein ganzes Glas Tuschwasser ausgekippt. Mama war echt sauer", hat Lea geantwortet. Und dann musste ich plötzlich an meinen neuen kleinen Bruder denken. Der da so süß und friedlich bei Mama im Krankenhausbett lag.

„Hoffentlich wird er nicht auch so ein Idiot wie Leas Brüder", habe ich gedacht und plötzlich hatte ich ganz große Sehnsucht nach Mama, Papa und dem kleinen Jona!

Nicole Weinhardt ist 36 Jahre alt und lebt mit ihrem Mann und ihren beiden Kindern in Norddeutschland. Ihre Freizeit verbringt sie gern mit Reiten, Krimis lesen und Geschichten erfinden. In der „FunkUhr" erschien ihr Erwachsenen-Kurzkrimi „Grüße von Greta". Für Kinder hat sie bereits ein vierteiliges Weihnachtsmärchen in einer Tageszeitung veröffentlicht. „Das Messer" ist eine Fortsetzung zu der Geschichte „Meine Weihnachtswünsche", die bereits in der Anthologie „Wünsch dich ins Wunder-Weihnachtsland, Band 3" erschien.

Norbert J. Wiegelmann

Der Winter in diesem Jahr will und will kein Ende nehmen. Während sich die Erwachsenen über die ergiebigen Schneefälle und das damit verbundene ständige Schneeräumen ärgern und die rutschigen Straßen beklagen, genießen Katrin und ihr anderthalb Jahre jüngerer Bruder Martin die weiße Pracht in vollen Zügen – so wie alle Kinder.

Eines Tages bauen sie im Garten einen riesigen Schneemann. Die Augen und die Knöpfe an seinem Bauch bestehen aus Glassteinen, der Mund aus Kieseln und die Nase aus einer roten Möhre. Im rechten Arm lehnt ein Reisigbesen und auf seinem Kopf sitzt ein Hut, den Martin von seinem Vater erbettelt hat. Frosty, wie ihn die Geschwister taufen, sieht aus wie ein ganz normaler Schneemann, wenn er auch ein sehr schönes und großes Exemplar ist.

Da er aber ein besonderer Schneemann sein soll, denken sich sowohl Katrin als auch Martin etwas aus, was ein gewöhnlicher Schneemann nicht hat. Martin schiebt Frosty ein Paar alte Latschen links und rechts unter dessen dicken Kugelbauch, weil ein Schneemann mit Füßen „etwas noch nie da Gewesenes ist", wie er überschwänglich meint. Katrin hängt ihm eine goldfarbene Kette mit einem blauen Stein um, die sie auf dem Nachtschränkchen ihrer Mutter gefunden hat.

„Was ist denn das für eine Kette?", fragt Martin.

„Die hab ich auch noch nie gesehen", antwortet Katrin. „Es ist wahrscheinlich Modeschmuck, den sich Mama neu gekauft hat."

„Hat sie es dir denn erlaubt, die Kette für Frosty zu nehmen?", will Martin wissen.

„Direkt gefragt habe ich sie nicht", entgegnet Katrin, „aber was soll sie schon dagegen haben? Es ist ja nur vorübergehend." Die Geschwister sind mit ihrem Werk zufrieden. Voller Genugtuung betrachten sie Frosty von allen Seiten. Selbst von der Straße aus kann man noch einen Blick auf ihn erhaschen. „Jetzt wünsche ich ihm nur noch ein langes Leben", sagt Katrin.

„Auf ein langes Leben von Frosty!", ruft Martin und bewirft seine Schwester mit einem Schneeball, woraus sich im Nu eine wilde Schneeballschlacht entwickelt.

Als Katrin und Martin am nächsten Tag aus der Schule kommen, fragt die Mutter, ob sie zufällig ihre Kette gesehen hätten. „Ich suche sie schon eine ganze Weile. Es ist eine wertvolle Goldkette mit einem Saphir, ein Erbstück von Großmutter. Ich habe sie gestern das erste Mal getragen und sie dann auf mein Nachtschränkchen gelegt. Aber nun ist sie weg."

Die Geschwister sehen sich an, ohne etwas zu sagen. Nach dem Mittagessen stürzen sie sofort in den Garten auf Frosty zu – und erstarren vor Schreck. Zwar hat sich der Schneemann, trotz seiner Schuhe, keinen Zentimeter von der Stelle gerührt – aber die Kette ist verschwunden.

„Die hat er bestimmt abgetan, weil sie ihm nicht gefallen hat", sagt Martin. „Er ist ja schließlich ein Schneemann und keine Schneefrau."

„Quatsch", fährt ihn Katrin heftig an, „der kann sich doch nicht bewegen."

„Weiß ich", erwidert Martin kleinlaut, „sollte nur ein Scherz sein." Aber nach Scherzen ist ihnen beiden nicht mehr zumute.

„Die muss jemand weggenommen haben", sagt Katrin grübelnd.

„Vielleicht eine Elster", wirft Martin zaghaft ein, „die

heißen nicht umsonst diebische Elstern und sie sollen eine Vorliebe für glänzende Sachen haben."

Katrin merkt, dass ihr Bruder jetzt keinen Spaß machen wollte, sondern ehrlich bemüht ist, nach einer Erklärung für das Verschwinden der Kette zu suchen. Deshalb fährt sie ihm nicht wieder über den Mund. Außerdem ist sie sich sehr wohl bewusst, dass das mit der Kette ihre Idee gewesen ist. Schweigend blickt sie zu Boden.

„Sieh mal", sagt sie mit einem Mal und zeigt Martin die Spuren im Schnee. Es sind ziemlich große Fußabdrücke, die von der einen Seite des Gartens bis zu Frosty führen und dann in derselben Linie wieder zurück.

„Da war jemand in unserem Garten und hat die Kette gestohlen", bemerkt Martin.

Katrin nickt niedergeschlagen: „So muss es gewesen sein. Erinnerst du dich, dass man Frosty auch von der Straße aus sehen kann?"

„Mist", murmelt Martin.

„Jemand ist die Straße entlang gegangen und hat Frosty gesehen. Die Kette ist dem vermutlich sofort ins Auge gesprungen", sagt Katrin verzweifelt. Erneut weist sie ihren Bruder auf etwas am Boden hin: „Das sind doch noch andere Spuren. Von wem stammen die wohl?"

Martin zieht die Stirn in Falten. „Hätte er eine Pfeife im Mund und eine karierte Schirmmütze auf, sähe er aus wie Sherlock Holmes", denkt Katrin.

„Das sind Spuren von einem Tier. Vielleicht eine Katze, oder …" Martin stutzt, dann fährt er fort: „Oder der Fremde hatte einen Hund bei sich."

„Das ist es!", ruft Katrin. „Lass uns sehen, wohin die Spuren führen."

Die Kinder folgen den Abdrücken um das Haus herum, doch auf der Straße verlieren diese sich. Die Geschwister überlegen fieberhaft, was sie unternehmen können, aber sie kommen zu keinem brauchbaren Ergebnis. Nur darüber sind sie sich einig: Der Mutter nicht den wahren Grund zu erzählen, warum die Kette unauffindbar bleibt.

Einige Tage sind vergangen. Die Geschwister haben ein schlechtes Gewissen, insbesondere Katrin, trauen sich aber noch immer nicht, sich den Eltern zu offenbaren. Obwohl die Mutter mittlerweile jeden in der Familie verdächtigt, die Kette „verschlampt" zu haben. Einmal hat Martin gar mit angehört, wie die Mutter den Vater fragte, ob er vielleicht Verwendung für die Kette gehabt oder sie eventuell zu Geld gemacht habe. Der Vater reagierte sehr empört, und Martin wäre am liebsten mit der Wahrheit herausgerückt, um dem elterlichen Zwist ein Ende zu bereiten. Aber er hatte Katrin versprochen, nichts zu verraten, und daran hielt er sich.

Als er mit Katrin wieder einmal gemeinsam vor Frosty steht, drängt er seine Schwester, der Mutter alles zu beichten, damit die Verdächtigungen zwischen den Eltern endlich aufhören. Katrin sieht ein, dass dies wohl der einzig sinnvolle Weg ist, den häuslichen Frieden wieder herzustellen. In diesem Augenblick taucht ein kleiner brauner Hund neben ihnen auf, den sie noch nie zuvor gesehen haben, und schnüffelt an Frosty herum.

„Heb ja nicht dein Bein gegen Frosty", droht Martin scherzhaft, während Katrin zum Geräteschuppen flitzt, die Tür öffnet und den Hund mit leisen Rufen lockt. Tatsächlich läuft das Tier neugierig hinter Katrin her, die mit ihm im Geräteschuppen verschwindet. Martin blickt den Beiden verständnislos nach, doch schon schießt Katrin wie eine Rakete wieder aus dem Geräteschuppen heraus, schlägt die Tür zu, schließt sie ab und steckt den Schlüssel ein. Ein leises Jaulen und Fiepen begleitet ihr Tun.

„Was soll das?", stammelt Martin entgeistert.

„Ich weiß nicht, es ist nur so eine Ahnung", antwortet Katrin geheimnisvoll. In diesem Moment hören sie den schrillen Ton einer Hundepfeife, dann ruft eine Männerstimme laut: „Hasso! Hassooo!" Katrin geht um das Haus herum zur Straße, Martin folgt ihr. Ein Mann blickt sich dort suchend nach allen Seiten um. Als er die Kinder sieht, fragt er sie: „Habt ihr zufällig einen kleinen braunen Hund gesehen?" Ehe die Beiden antworten können, lässt sich ein Bellen und Winseln vernehmen.

„Da ist er ja", sagt der Mann erfreut und ruft: „Hasso, Hasso, hierher!"

Als der Hund immer noch bellt, aber nicht auftaucht, sieht der Mann die Kinder böse an: „Warum kommt Hasso nicht? Was habt ihr mit meinem Hund gemacht?" Und er tritt drohend auf Katrin zu. Martin stellt sich schützend vor seine Schwester:

„Bleiben Sie hübsch da, wo Sie sind", sagt er, „wir haben Ihren Hund nur für eine Weile in Verwahrung genommen." Dem Mann fallen fast die Augen aus dem Kopf.

„Was habt ihr?", fragt er ungläubig staunend. „Ihr habt Hasso in Verwahrung genommen? – Aber nun dalli, dalli, schnellstens her mit meinem Hund, sonst ..."

„Was ist sonst", fragt Martin mit fester Stimme.

„Sonst rufe ich die Polizei", sagt der Mann.

„Machen Sie das ruhig", entgegnet Katrin und tritt neben ihren Bruder. „Die können wir gut gebrauchen, denn ich wollte sie auch gerade rufen."

„Du wolltest auch die Polizei rufen?", fragt der Mann verdattert. Dann scheint er zu begreifen: „Ach so, weil ihr nicht wusstet, wem der Hund gehört. Aber das hat sich ja nun geklärt."

„Sie haben mich nicht richtig verstanden", erwidert Katrin. „Wir haben Ihren Hund als Geisel genommen, oder, falls Ihnen das besser gefällt, als Pfand."

Martin bemerkt, wie der Mann einen kleinen Schritt rückwärts macht und sich mit der rechten Hand fahrig durch das Gesicht wischt, als schwitze er. Dabei ist es doch bitterkalt.

Allmählich dämmert ihm, worauf seine Schwester hinaus will.

„Also, Schluss mit dem dummen Gequatsche", sagt der Mann ärgerlich und nimmt wieder eine drohende Haltung ein. „Gebt mir jetzt meinen Hund oder ihr könnt was erleben."

„Wenn Sie uns die Kette geben, geben wir Ihnen Ihren Hund zurück", sagt Katrin.

„Wovon redet ihr?" gibt sich der Mann ahnungslos, doch eine leichte Verunsicherung ist nicht zu überhören. „Was für eine Kette soll ich euch geben?"

„Na, die, die Sie unserem Schneemann geklaut haben", antwortet Martin.

Der Mann erbleicht, erwidert aber unwirsch: „Papperlapapp, ich weiß nichts von einer Kette, schon gar nichts von einer Kette, die ich angeblich gestohlen haben soll."

„Dann eben nicht", sagt Katrin. „Dann rufen wir halt die Polizei. Das dürfte auch in Ihrem Interesse liegen, denn schließlich wollen Sie ja Ihren Hund wiederbekommen, den wir gefangen halten." Und sie zupft ihren Bruder am Ärmel und macht Anstalten, ins Haus zu gehen.

„Nicht so eilig", sagt der Fremde nun in einem vertraulichen Tonfall, als wolle er den Geschwistern ein Geheimnis verraten. „Ich habe zwar keine Kette gestohlen, aber wenn mich nicht alles täuscht, habe ich neulich eine Kette hier auf der Straße gefunden. – Je mehr ich darüber nachdenke, umso wahrscheinlicher ist es. – Passt auf, ich bin in einer halben Stunde wieder zurück. Und bis dahin", er legt seinen rechten Zeigefinger auf seine Lippen, „zu niemandem ein Wort, einverstanden?" Dabei schaut er die Geschwister mit einem konspirativen Lächeln an, als gelte es, einen Piratenschatz zu heben.

Dann dreht er sich um, geht die Straße zurück und steigt in ein rotes Auto.

„Ob der zurückkommt?" fragt Martin.

„Ich glaube schon", antwortet Katrin, „der will doch seinen Hund wiederhaben."

Und tatsächlich – nach einiger Zeit sehen die Kinder das rote Auto am unteren Ende der Straße parken. Das Kennzeichen können sie auf die Entfernung allerdings nicht lesen. Der Fremde steigt aus und nähert sich mit raschen Schritten. Als er die Geschwister erreicht hat, öffnet er die linke Hand: Dort liegt die goldene Kette mit dem blauen Saphir. „Jetzt will ich aber zuerst meinen Hund", sagt der Mann mit dem Anflug eines hinterhältigen Grinsens.

„Okay, kommen Sie mit", sagt Katrin und die Kinder führen den Fremden um das Haus herum zum Geräteschuppen.

„Hasso, mein Liebling", ruft der Mann, als er seinen Hund bellen und jaulen hört. Martin, der hinter dem Mann steht, beobachtet, wie dieser die Linke mit der Kette zur Faust ballt und sie in seine Manteltasche steckt.

„Er hat bestimmt vor, mit seinem Hund zu verschwinden, ohne uns die Kette zurückzugeben", denkt Martin. Seine Schwester öffnet die Tür des Geräteschuppens, der kleine braune Hund fegt heraus, läuft schwanzwedelnd zu seinem Herrchen und springt außer sich vor Freude an ihm hoch.

„Da bist du ja wieder", begrüßt der Mann seinen Hund und streichelt ihn über Kopf und Rücken. „Los, komm!" ruft er dann und wendet sich um, ohne die Kette herauszurücken – genauso, wie Martin es befürchtet hat. Der Mann rennt los, Hasso springt ausgelassen um ihn herum. Als der Mann gerade die Straße erreicht hat und zu seinem Auto spurten will, läuft er direkt in die Arme zweier Polizisten, die die Kinder benachrichtigt hatten, als der Fremde die Kette holte.

„Ja, so war das mit Frosty und der Kette", sagt Martin. Der Vater hat mit wachsendem Erstaunen der Erzählung seiner Kinder gelauscht. „Wie seid ihr denn darauf gekommen, dass der kleine braune Hund etwas mit der Sache zu tun hatte?", fragt er.

„Wegen der Hundespuren, die neben den Fußabdrücken im Garten zu sehen waren", antwortet Katrin und fügt verschmitzt hinzu: „Vielleicht war es ja auch nur mein Gespür für Schnee, wie bei Fräulein Smilla."

Der Vater ist mächtig stolz auf seine beiden „erfolgreichen Detektive", die Mutter ist hocherfreut, die wertvolle Kette wieder zu haben. Darüber vergisst sie sogar zu schimpfen, weil Katrin die Kette ohne ihre Erlaubnis genommen hat, und die Kinder nach dem mysteriösen Verschwinden der Kette, ihre Eltern so lange im Unklaren über die Hintergründe gelassen haben. Bei frisch gebackenem Marmorkuchen und Kakao sitzen die kleinen Helden am Esstisch. Die Mutter reicht ihnen eine Kette, die glitzert und funkelt: „Die könnt ihr nun Frosty umhängen", sagt sie lächelnd. „Sie ist wirklich Modeschmuck und nicht besonders teuer gewesen – für den Fall, dass sie auch gestohlen werden sollte."

„Wer sollte die jetzt noch stehlen, nachdem der Dieb deiner wertvollen Goldkette doch von der Polizei erwischt worden ist", sagt Martin.

„Genau", fügt Katrin hinzu, „die Welt besteht ja zum Glück nicht nur aus Halunken." Dann greifen die Geschwister mit großem Appetit zu einem weiteren Stück Marmorkuchen und lassen es sich schmecken.

Norbert J. Wiegelmann, geboren 1956 in Bochum, ist wohnhaft in Arnsberg, verheiratet, Vater zweier Töchter und Verwaltungsjurist. Hat literarische Veröffentlichungen in gut einem Dutzend Anthologien (Lyrik, Kurzprosa), Reiseberichte in Zeitungen sowie Glossen und Buchrezensionen in juristischen Fachzeitschriften. Bei Krimis bevorzugt er klassische Detektivgeschichten in der Tradition von Edgar Allan Poe oder Arthur C. Doyle.
Diese Geschichte ist für Beatrice und Miriam.

Bettina Huchler

Der verschwundene Teddy

Die Schulglocke kündigte das Ende der Hofpause an und alle Kinder rannten zurück ins Schulgebäude. Als Jana ihren Platz erreichte, machte sie eine schlimme Entdeckung: Teddy, ihr Mutmachmaskottchen, der ihr stets bei Klassenarbeiten half, einfach nur, indem er da war, war verschwunden. Vor der Pause hatte er noch auf ihrem Tisch gesessen, und zwar direkt neben ihrer Federtasche. Jetzt war er weg. Aber wohin sollte ein Plüschbär verschwunden sein?

War er vom Tisch gefallen? – Nein.

Hatte sie ihn vielleicht doch in ihre Schultasche gesteckt? – Auch nicht.

Verwirrt runzelte Jana die Stirn.

„Hast du meinen Teddy gesehen?", fragte sie Maria, die neben ihr saß. Diese sah sie nur verwundert an.

„Ja, vorhin, als wir in die Pause gingen. Da saß er da." Sie zeigte auf die Stelle, die nun leer war. Das gab es doch nicht! In der nächsten Stunde hatten sie Englisch und Frau Werner hatte einen Vokabeltest angekündigt. Nur aus diesem Grund war Teddy heute mit in der Schule. Teddy war klein, sicherlich, aber so klein, dass man ihn hätte übersehen können, war er nun auch wieder nicht.

Jana gab nicht auf. Sie fragte all in ihrer Klasse, aber niemand wollte ihren Teddy gesehen haben. Sie war den Tränen nahe. Wie sollte sie den Vokabeltest nur ohne ihn bestehen?

Als Frau Werner in die Klasse kam, ging Jana sofort auf sie zu und erzählte ihr von dem Vorfall.

„Aus diesem Grund kann ich den Test heute nicht mitschreiben. Ich würde nicht ein Wort wissen", schloss sie ihren Bericht. Frau Werner hob eine Augenbraue und runzelte die Stirn.

„Ich habe ja schon viele Ausreden gehört von Schüler oder Schülerinnen, die ihre Vokabeln nicht gelernt haben und sich deshalb vor einem Test drücken wollen. Aber du schießt wirklich den Vogel ab, Jana. Los, setz dich auf deinen Platz. Wir wollen beginnen." Frau Werner ließ sie einfach stehen und ging zum Lehrerpult.

Nun konnte Jana ihre Tränen nicht länger zurückhalten. Wie durch einen Nebelschleier ging sie zurück auf ihren Platz und hoffte, dass ihr wenigstens ein paar Vokabeln einfallen würden. Am Ende war der Test doch nicht so schlimm, wie sie befürchtet hatte. Doch Teddy blieb verschwunden.

In der nächsten Hofpause setzten sich Jana und Maria auf eine der vielen Bänke und beratschlagten, was sie tun konnten. „Es muss eine Lösung gefunden werden. Ich lasse es nicht auf mir sitzen, dass Teddy einfach weg sein soll", sprudelte es aus Jana heraus.

Da hatte Maria plötzlich einen rettenden Einfall: „Weißt du was, häng doch einfach Suchplakate auf. Du weißt schon, so wie in den Western-Filmen. Einen richtigen Steckbrief." Diese Idee war genial, fand Jana. Maria, die im Zeichnen die besten Noten der Klasse hatte, sollte ein Bild von Teddy malen.

Noch am gleichen Nachmittag trafen sich die Mädchen bei Jana, um ihren Plan in die Tat umzusetzen. Maria brauchte mehrere Versuche, ehe Jana mit dem Ergebnis des Bildes von Teddy zufrieden war. Schließlich suchten sie nicht irgendeinen Teddy, sondern *ihren* Teddy und deshalb musste das Bild auch so genau wie möglich aussehen.

Jana schrieb unter das Bild noch alle Eigenschaften, die ihr Teddy hatte und fertig war der Steckbrief. Diesen ließen sie von ihrem Vater, der einen Drucker mit Kopierer besaß, vervielfältigen und hängten die Kopien am nächsten Schultag überall in der Schule auf.

Natürlich war auch eine Belohnung ausgesetzt: Wer ihren Teddy finden würde, sollte einen Eisbecher nach Wahl in der Eisdiele spendiert bekommen. Da das Wetter warm und sonnig war, war das für viele Schüler wirklich ein Ansporn, bei der Suche nach Teddy zu helfen.

Einige Tage vergingen, in denen nicht wirklich etwas passierte. Viele Kinder hielten ihr Teddys unter die Nase mit der Frage, ob das ihrer wäre. Doch ihr Teddy war nie darunter.

Sie hatte schon fast die Hoffnung aufgegeben, als ein kleiner Junge aus der ersten Klasse zu ihr kam und sie fragte: „Bist du die Jana, die einen Teddy sucht?"

„Ja, die bin ich. Hast du meinen Teddy gefunden?", wollte sie wissen, ohne wirklich daran zu glauben.

„Ich weiß es nicht", gestand der Junge und zog einen völlig verdreckten kleinen Bären hinter seinem Rücken hervor, den er ihr unter die Nase hielt. „Ist er das?", fragte er vorsichtig. Jana wollte schon traurig den Kopf schütteln. Das konnte unmöglich ihr Teddy sein. Ihr Teddy war nicht dreckig, sondern schön flauschig. Doch ihr Blick fiel auf die kleine Schleife, die dieser Bär um den Hals trug. Genauso eine Schleife hatte ihr Teddy auch.

„Wo hast du ihn gefunden?", flüsterte sie.

Der Junge deutete in eine unbestimmte Richtung und murmelte: „Da hinten im Gebüsch lag er." Jemand musste den armen Teddy verschleppt haben. Aber warum? Das würde Jana wohl nie erfahren. Hauptsache, der Junge hatte Teddy gefunden! Jana nahm dem Jungen den Teddy ab und strahlte über das ganze Gesicht.

Sie dankte dem Jungen überschwänglich und löste am Nachmittag das Versprechen ein, dem Finder einen Eisbecher zu spendieren. Teddy wurde von ihrer Mutter in die Waschmaschine gestopft. Nach dem ordentlichen Einseifen und Durchschütteln war Teddy wieder sauber und nach einigen Stunden Sonne tanken auch wieder schön flauschig.

Bettina Huchler wurde am 8. Januar 1981 in Berlin geboren, wo sie auch noch heute lebt. Schreiben ist neben dem Lesen ihr größtes Hobby. Sie konnte bereits einige Kurzgeschichten sowie Gedichte in Anthologien veröffentlichen.

Sebastian Meineck

Tod einer Fliege

Simson ist eine Stubenfliege. Sein Bruder ist aus dem Schlafzimmer nicht zurückgekommen, er wollte mit ihm um die Wohnzimmerlampe kreisen. Simson wartet einige Zeit auf dem Lampenschirm, dann summt er ins Schlafzimmer, schweift umher, ruft – aber sein Bruder antwortet nicht.

Im Bett husten die Milben im Chor: „Simson! Simson!" Er setzt sich aufs Kissen. Er kann die Milben nicht sehen, sie stecken in den Fasern der Decke und der Matratze. Nur wenn alle gleichzeitig reden, kann er sie hören.
„Simson!", husten die Milben. „Er ist tot! Dein Bruder ist tot! Er ist ermordet!"
Simsons Fühler zittern, seine Beine knicken ein. „Was sagt ihr da? Wer hat ihn umgebracht? Wo ist er?"
„Wir haben nichts gesehen! Aber das Gerücht geht überall in der Matratze herum! Vielleicht wissen die Wespen mehr!"
Simson erschauert. Er kann vor jeder Wespe fliehen, aber sein Bruder ist dicker und schwerfälliger als er.
„Die Wespen? Warum? Haben sie ihn umgebracht?"
Die Milben husten.
„Ihr müsst lauter reden!"
Sie husten.
„Ich verstehe euch nicht!"
Endlich rufen die Milben wieder vereint: „Nein, nein, es hat keiner hingeguckt, wir wollen keinen Ärger, keiner hat was gesehen."

„Ich glaube euch nicht, das kann doch nicht sein!",
summt Simson, aber die Milben husten durcheinander, sodass er nichts mehr verstehen kann.

„Ihr seid Feiglinge!", ruft er, fliegt auf und surrt zum
Fenster. Selbst wenn eine einzelne Milbe etwas gesehen
hatte, würde er ihre Stimme nicht hören können. Solange sich nicht alle gemeinsam trauten zu reden, würde er
nichts von ihnen erfahren.

Um zu den Wespen zu kommen, muss Simson durchs
Fenster nach draußen. Zum Glück ist es offen. Er surrt vor
dem Rollladenkasten herum und ruft: „Hallo! Ich muss mit
einer Wespe sprechen! Hallo!" Er setzt sich. Der Wind zerrt
an seinen Flügeln. Er putzt sie mit den Borsten seiner Hin-
terbeine.

Endlich kommt eine Drohne nach draußen gekrochen und baut sich vor ihm auf. Ihr Hinterleib pulsiert. Ein
Schauer überkommt Simson, als er ihre klackenden Mund-
werkzeuge sieht.

„Was willst du, Fliege?"

Er nimmt seinen Mut zusammen, richtet seine Facet-
tenaugen auf sie, und summt: „Ich suche meinen Bruder.
Es heißt, er wurde ermordet. Ich will wissen, ob ihn jemand
aus deinem Staat angegriffen hat."

Die Drohne krabbelt auf Simson zu und umtrillert ihn
mit den Fühlern. „Oh, du kleines Insekt", brummt sie. „Wir
Wespen saugen den Saft verletzter, sterbender Fliegen,
weil wir ihn zum Überleben brauchen. Aber wir töten sie
nicht. Die Mühe würde sich nicht lohnen. Und ja, Wespen
aus meinem Staat haben auch an deinem Bruder gesaugt.
Er war bereits tot."

Simsons Körper zieht sich zusammen, er kann kaum
atmen. „Ihr habt ihn also gefunden? Wo war er?"

„Innen auf der Fensterbank", ruft eine Stimme. Simson dreht sich um und entdeckt eine Spinne im Netz, oben

in der Fensterecke. Sie richtet ihre acht Augen auf Simson und tänzelt auf ihren glänzenden Fäden.

„Magst du nicht näher kommen, lieber Simson? Dann kannst du mich besser hören."

Simson surrt auf.

„Dir gehe ich nicht in die Falle! Du hast meinen Bruder gesehen! Wer hat ihn angegriffen! Sag es mir!"

„Hm, wer weiß?", säuselt die Spinne. „Vielleicht sag ich es dir ja, wenn du etwas näher kommst?"

Simson kriecht näher, die Augen auf die Fäden gerichtet, und streicht über seine Flügel. Die Drohne brummt zurück in den Rollladenkasten.

„Was, wenn du lügst? Was, wenn du ihn gefangen und betäubt hast, was wenn du ihn ausgesaugt hast? Und jetzt willst du mich nur locken, um auch mich zu fressen!"

„Simson, mein Lieber, was redest du, streng doch mal dein kleines Köpfchen an!" Die Spinne rollt mit ihren acht Augen.

„Wenn ich eine Fliege fange, dann lasse ich sie nicht irgendwo herumliegen, damit Wespen an ihr saugen. Ich hinterlasse keine Abfälle, sonst würde ich verhungern. Ich habe schon viele getötet, aber deinen Bruder habe ich nicht angerührt. Wenn du näher kommst, sage ich dir, wo er hingebracht wurde."

Simson surrt auf, fliegt auf die Spinne zu und kreist vor ihr herum. „Sag es mir!"

„Noch etwas näher!"

„Sag es mir!"

„Die Ameisen haben ihn weggetragen!", säuselt die Spinne und streckt sich plötzlich, vier Beine angespannt, um Simson zu packen, aber Simson saust davon, zur Ameisenstraße, die unter der Fensterbank verläuft.

Die Ameisen tragen Eintagsfliegen und Sandkörner, ihre Panzer glänzen. Simson folgt der Straße an der Hauswand entlang, unter eine Hecke bis zum Nest. Vor dem Nest sieht er seinen Bruder. Er liegt auf dem Rücken, die Beine auf den dem Bauch gefaltet. Ein Dutzend Ameisen balanciert ihn hin und her, andere knabbern an ihm herum und versuchen, ihn auseinanderzunehmen. Ihm fehlt das linke Vorderbein. Simson setzt sich auf ein Blatt über dem Nest und faltet die Flügel. Die Ameisen lassen sich nicht ablenken. Simson sieht, dass sie zu klein sind, um seinen Bruder getötet zu haben. Sie müssen ihn auf der Fensterbank gefunden und weggebracht haben. Sie kommen ständig ins Haus und nehmen sich etwas mit.

„Wisst ihr, wer ihn verletzt hat?", ruft Simson.

Die Ameisen achten nicht auf ihn. Sie knipsen die Flügel von seinem Rücken und tragen sie weg.

„Hört ihr mich nicht?"

Eine Ameise wendet ihm den Kopf zu und lispelt mit klackenden Mundwerkzeugen: „Wir tun hier nur unsere Arbeit, Großer." Sie geht weiter, Simson schaut ihr nach. Ihm wird klar, dass er die Ameisen nicht davon abhalten kann, seinen Bruder zu zerlegen und zu verspeisen und dass auch sie nichts Anderes tun, als ihr eigenes Überleben zu sichern.

Simson fliegt zurück ins Schlafzimmer und setzt sich auf die Fensterbank. Er lässt seine Fühler hängen, kriecht ein wenig auf und ab, hat keine Lust, seine juckenden Flügel zu putzen. Die Milben sind still. Simson zittert. Er würde nie herausfinden, warum sein Bruder sterben musste. Er erinnert sich an die Zeit, als er mit ihm Fangen gespielt hat und in großen Spiralen durchs Zimmer gejagt ist. Oder als in der Küche ein Tropfen Limonade verschüttet worden ist und sie alles gierig mit den Rüsseln aufgesaugt haben.

Auf einmal saust etwas Großes auf ihn hinab und klatscht auf die Fensterbank, Simson surrt auf, fliegt ans

Fenster, kratzt heftig mit den Borsten über seine Flügel, wieder klatscht es, sein Körper erzittert vom Schlag, er fliegt auf, surrt im Kreis. Unter ihm ist ein Mensch, er wedelt mit einer Fliegenklatsche, Simson fliegt um ihn herum und weicht aus. Er muss sich auf den Schrank setzen, um Luft zu holen. Die Fliegenklatsche saust erneut auf ihn zu, trifft ihn am Bein – er bleibt an ihr kleben und sirrt vor Schmerz.

In den Rillen der Fliegenklatsche entdeckt er ein anderes Bein, das nicht von ihm ist, es ist ein linkes Vorderbein, das Bein seines Bruders! Simson zerrt sich los, sein Hinterbein hat er verloren, er blutet, kann nicht mehr gerade fliegen, er bekommt kaum noch Luft, sein Körper pumpt aufgeregt. Das ist der Mensch, der seinen Bruder umgebracht hat! Er fuchtelt mit der Fliegenklatsche herum, Simson kann nicht atmen, er lässt sich auf den Kopf des Menschen fallen, vielleicht würde er ihn hier nicht entdecken.

Er hängt im Gewirr der Haare, um ihn herum rieseln Schuppen nieder, er keucht und putzt seine Flügel, der Schmerz pulsiert in ihm, ein Mensch, warum hat ein Mensch seinen Bruder umgebracht? Wenn es eine Wespe, die Spinne oder die Ameisen gewesen wären, dann hätte er das verstanden, aber was hatte ein Mensch davon, seinen Bruder zu töten? Fressen Menschen etwa Fliegen? Simson blutet, er weiß, dass er ohne ein Bein nicht lange überleben kann. Der Mensch hat nicht gemerkt, dass er auf seinem Kopf sitzt, er läuft durchs Schlafzimmer und flucht. Simson würde ihm am liebsten sagen, dass er keinen Grund hatte, seinen Bruder umzubringen, er will ihn anschreien.

Er sammelt seine letzten Kräfte, surrt auf und fliegt in sein Ohr, und da brummt er so laut er kann, und schreit „Du Mörder! Du Mörder!", und der Mensch schreit auch und schüttelt sich, traut sich aber nicht, in sein Ohr zu fassen und Simson weiß: Jetzt, da er im Ohr des Brudermörders sitzt, kann er, auch wenn er nur eine Fliege ist, unendlich laut sein, und er schreit und brummt, bis ihn seine Kräfte verlassen.

Sebastian Meineck, geboren 1992, lebt in Ingelheim, Rheinland-Pfalz. Er schreibt schon immer gern Geschichten, für Große, für Kleine und für sich. Er war unter anderem Preisträger beim Treffen Junger Autoren, beim Literaturwettbewerb der Jugend-Literaturwerkstatt Graz und beim Literatur Labor Wolfenbüttel. Veröffentlicht hat er im Radio („Ohrenbär – Geschichten für kleine Leute") und in Anthologien.

Mathias Meyer-Langenhoff

Wille und die BMX-Rad-Bande

„Halt, sofort anhalten!", schrie Wille dem Radfahrer hinterher. Der Feigling hatte seinem kleinen Bruder im Vorbeifahren einfach eine Kopfnuss verpasst. Sofort nahm Wille die Verfolgung des Übeltäters auf. Aber weil Wolle anfing zu weinen, kehrte er zu seinem Bruder zurück, um ihn zu trösten. Eigentlich hieß Wolle Wolfgang und Wille Gerwin Willerink, aber alle nannten die beiden nur Wille und Wolle.

Der Radfahrer gehörte zu der BMX - Bande. Alles hatte damit angefangen, dass sich nach der Schule drei Jungen vor Wille aufgebaut und fünf Euro von ihm gefordert hatten – Wegegeld nannten sie das. Normalerweise ging er immer direkt durch die Kleingärtneranlage „Krumme Gurke" nach Hause. Der Weg war rechts und links von großen Hecken und Holzzäunen gesäumt, hinter denen die Gartenbesitzer ihr Gemüse und ihre Blumen anbauten. Es war verboten ihn zu benutzen, aber Wille sah nicht ein, einen Umweg zu gehen, nur weil da dieses Schild mit der Aufschrift *Privatweg* stand. „Das hat der Brümmer aufstellen lassen, dieser Paragrafenhengst", brummte Onkel Viktor, der auch einen Garten in der „Krummen Gurke" bewirtschaftete. Oskar Brümmer war Onkel Viktors Lieblingsfeind.

Und genau an diesem Schild hatten sich die drei von der BMX-Bande postiert. Als Wille an ihnen vorbei wollte, stellten sie sich nebeneinander, verschränkten die Arme vor der Brust und bildeten eine lebende Straßensperre. Ihre Räder hatten sie hinter sich geparkt.

„Stopp, Bohnenstange, erst Kohle abdrücken."

„Wieso Kohle abdrücken?" Wille glaubte, sich verhört zu haben.

„Wieso? Weil wir es so wollen, kapiert?", antwortete der Stärkste, offenbar ihr Anführer. Er fuhr seine kräftigen Oberarme aus und stieß Wille vor die Brust.

„Hey, was soll das?", rief Wille empört und wollte sich schon auf den fast einen Kopf kleineren Wegelagerer stürzen. Aber als auch die beiden anderen sich drohend näherten, ging er lieber einen Schritt zurück. „Seid ihr jetzt die Sheriffs vom Kleingärtnerverein, oder was?"

„Darauf kannst du einen lassen. Wenn du hier vorbei willst, kostet das fünf Euro!"

„Ihr spinnt doch!", schnaubte Wille.

„Von mir aus, aber ohne Kohle geht für dich gar nichts. Und jetzt rück dein Handy raus!"

„Ich denk gar nicht dran!" Aber ehe sich Wille versah, hielten sie ihn fest und durchwühlten seine Taschen.

„Da ist es ja. Was für ein Schrotthandy!", grinste der Anführer hämisch. „Wir brauchen nur deine Nummer, damit wir dich immer erreichen können." Er tippte die Zahlen in sein eigenes Handy und gab es Wille wieder zurück. „Und jetzt hau ab!"

„O.K., dann geh ich eben, mir doch egal", presste Wille mit Verachtung in der Stimme heraus. Gegen die drei kam er nicht an. Er machte kehrt und ging den längeren Weg nach Hause.

Das war jetzt eine Woche her und seitdem lauerte ihm die Bande immer wieder auf, schickte eine SMS nach der anderen oder nervte ihn mit Anrufen. Aber Wille ließ sich nicht einschüchtern. Nur mit dem Angriff auf seinen kleinen Bruder hatten sie überzogen. Wille beschloss, sich zu wehren und zwar zusammen mit seinem besten Freund Andy. Die beiden kannten sich schon aus dem Kindergarten, aber während Andy in die fünfte Klasse der Haupt-schule ging, besuchte Wille das Gymnasium. Ihrer Freund-schaft hatte das keinen Abbruch getan, sie verbrachten fast jeden Nachmittag zusammen. Meist trafen sie sich bei Wille, denn Andys Vater war ziemlich stressig und oft nach-mittags schon betrunken.

Wille schickte seinem Freund eine SMS. „Muss was mit dir besprechen. Treffen in Onkel Viktors Garten, um vier." Da seine Eltern einen Lebensmittelladen besaßen, übrigens der einzige in der Stadt, der nicht einer Handels-kette gehörte, hatten sie wenig Zeit. Den Vorfall mit der BMX - Bande hatte er ihnen deshalb nicht erzählt, auch die Sache mit Wolle nicht. Er wollte lieber Onkel Viktor einwei-hen, denn der wusste meist guten Rat. Nachdem er seine Hausaufgaben erledigt hatte, fuhr Wille mit dem Fahrrad zu ihm.

„Moin, min Jung!", hörte er Onkel Viktor rufen, konnte ihn aber nirgendwo entdecken. „Ich bin hier!" Die Stimme kam aus dem Bohnenbeet, sein Onkel stand wie in einem Zelt inmitten der über ein Holzgestell hochwachsenden Gemüseranken und hackte Unkraut.

„Onkel Viktor, du musst mir helfen!" An Willes Stim-me merkte sein Onkel sofort, dass es um etwas Ernstes ging. Er stellte seine Hacke zur Seite und setzte sich mit ihm auf die Terrasse des Gartenhäuschens. Im gleichen Augen-blick kam auch Andy.

„Du auch? Jetzt bin ich aber gespannt", meinte Onkel Viktor.

„Ich hab null Ahnung", antwortete Andy schulterzu-ckend. Während Wille ihnen erzählte, was passiert war, hörten Onkel Viktor und Andy mit ernstem Gesicht zu. „Und jetzt brauchen die drei Kerle eine Lektion", schloss er seinen Bericht grimmig.

„Du hast recht, es wird höchste Zeit", nickte Onkel

Viktor. Dann räusperte er sich. „Passt auf, wir machen Folgendes ..." Mit gedämpfter Stimme begann er, den Jungen seinen Plan zu erklären.

„Cool, Onkel Viktor, eine super Idee!" Sie waren begeistert. Heute Abend würde es losgehen, sobald es dunkel geworden war. Aber zuerst schrieb Wille dem Anführer der Bande eine SMS.

„Werde bezahlen, treffen uns nach Einbruch der Dunkelheit am Garten von Viktor Kleinmann, Rosenweg 10." Nur kurze Zeit später kam die Antwort: „O.K!"

Das Warten auf den Sonnenuntergang zog sich wie Kaugummi, Wille und Andy konnten es kaum abwarten. Sie blieben natürlich bei Onkel Viktor im Schrebergarten. Willes Eltern waren einverstanden, Andys war es sowieso egal, wo er sich abends aufhielt, selbst dann, wenn er sehr spät nach Hause kam. Endlich stand die Sonne hinter dem großen Apfelbaum, bis sie schließlich ganz hinter dem Horizont verschwunden war. Die Straßenlaternen flackerten auf und tauchten den Rosenweg in ein schmutzig-gelbes Licht.

„Also, du weißt, was zu tun ist?", fragte Onkel Viktor noch einmal, bevor er sich mit Andy in den Bohnenranken versteckte. Wille nickte, aber ein bisschen komisch war ihm schon zumute. Nur hatte er nicht viel Zeit darüber nachzudenken, denn schon bald hörte er Stimmen. Das mussten sie sein. Er öffnete das Gartentor und spähte hinaus. Tatsächlich, sie warteten mit ihren Rädern am Ende des Rosenweges und kamen sofort herüber, als sie Wille erkannten.

„Na, Bohnenstange, hast du's endlich geschnallt? Dann mal her mit der Kohle! Bei uns muss jeder bezahlen, sonst gibt's auf die Klappe." Der Anführer baute sich drohend vor ihm auf.

„Jetzt kommt doch erst mal in den Garten, sonst sieht

uns noch jemand", schlug Wille vor. Er hoffte, sie würden seine zitternde Stimme nicht bemerken.

Es gelang ihm tatsächlich, die Bande unter den Apfelbaum zu lotsen. „Sekunde, bin gleich zurück", sagte Wille, „das Geld ist in der Hütte." Schnell betrat er das Häuschen und huschte auf der anderen Seite, für die Bande unsichtbar, wieder hinaus und schlich sich zu Andy und Onkel Viktor ins Beet.

„Der Anführer ist der Sohn vom Brümmer", flüsterte Onkel Viktor, „der kann was erleben."

Andy zog an der Leine, die mit einem Eimer Jauche im Apfelbaum verbunden war. Er hatte ihn dort an einem dicken Ast befestigt. Die Jauche benutzte Onkel Viktor normalerweise zum Düngen seines Gemüsebeetes. Mit einem lauten Platsch ergoss sich die stinkende Flüssigkeit über die Jungen und besudelte sie von oben bis unten. Ein großartiges Bild. Wille hielt sich den Mund zu, um keinen Lachanfall zu bekommen.

„Was ist das denn? So eine Schweinerei!"

„Hilfe, das brennt voll in den Augen!"

„Komm raus, Bohnenstange, jetzt machen wir dich fertig!" Sie waren außer sich und brüllten wild durcheinander. Die Verwirrung der drei von der Stinkstelle nutzten Wille, Andy und Onkel Viktor aus, stürzten aus ihrem Versteck und stülpten ihnen – trotz Widerstandes – alte Strohsäcke über die Köpfe. Dann fesselten sie die Bande mit einem langen Seil an den Stamm des Apfelbaumes.

„So, meine Herren", meinte Onkel Viktor zufrieden, „Schluss mit lustig." Als sie sicher waren, dass die drei sich nicht mehr bewegen konnten, zogen sie ihnen die Säcke wieder von den Köpfen.

„Man, Jungs, ihr mieft ja drei Meilen gegen den Wind", lachte Andy, „könntet euch ruhig mal wieder waschen."

„Halt's Maul, Blödmann!", blaffte der Anführer. „Mein Vater wird euch schon zeigen, wo's lang geht!"

„Auch wenn du der Sohn vom Brümmer bist, Bürsch-chen, die große Klappe wird dir noch vergehen. Ich habe die Polizei verständigt", entgegnete Onkel Viktor mit harter Stimme.

Eine halbe Stunde später waren die Beamten da. Die Gefangenen stritten zwar alles ab, aber als Andy ihnen die Handyaufnahme vorspielte, auf der alle Einzelheiten des Gespräches zwischen ihnen und Wille gut zu verstehen waren, sagten sie nichts mehr.

„Dann los meine Herren, auf zur Wache, aber zu Fuß, sonst stinkt ihr mir das ganze Auto voll." Grinsend führten die Polizisten die Bande ab, während Wille, Andy und Onkel Viktor sich zur Belohnung noch eine Limo gönnten.

Mathias Meyer-Langenhoff studierte in Bonn und Münster Diplom-pädagogik und war danach in verschiedenen pädagogischen Berufen tätig. Seit 1993 arbeitet er als Lehrer für Pädagogik und Psychologie an einer Berufsschule. Er ist verheiratet und Vater zweier Töchter. Seit vier Jahren schreibt er Geschichten für Kinder und hat bereits zwei Romane veröffentlicht: „Die Hexe von Ameland" und „Gefahr für Burg Bentheim".

51

Marlene Geselle

Mundraub
mit Verfolgungsjagd

An einem lauen Spätsommerabend fällt es den meisten Leuten schwer, vorzeitig von einer Grillparty Abschied zu nehmen. Kommissar Müllerjahn gehörte nicht dazu. Bereitschaftsdienst nach 22.00 Uhr bei der Sigmaringer Kripo gehörte zwar auch nicht zu seinen bevorzugten Wochenendbeschäftigungen, aber: „Was muss, das muss", wie er bereits dem Gastgeber erklärt hatte, als dieser ihn zum Wagen brachte.

Zwischen Veringenstadt und Jungnau war nie viel Verkehr trotz der Bundesstraße. Das einzige Verkehrshindernis bildete ein uralter Traktor mit einem kaum jüngeren Anhänger, voll beladen mit Weißkohlköpfen, klein und fest wie Riesenäpfel und aller Wahrscheinlichkeit nach auf dem Weg zum Großmarkt.

„Wie der alte Messhart es bloß geschafft hat, das Ding durch den TÜV zu kriegen?", sinnierte Müllerjahn, als er sich zum Überholen anschickte. Aber auf dem Traktorsitz hockte weder der Landwirt selbst noch einer seiner Söhne. Ein Fremder, für einen Bauern der Region viel zu schäbig gekleidet, steuerte das Fuhrwerk.

Müllerjahn freute sich zum ersten Mal seit Wochen über Gegenverkehr, konnte er doch so seinen Wagen unauffällig hinter den Traktor zurückfallen lassen und zum Handy greifen. Der Kollege von der Verkehrspolizei staunte nicht schlecht, als er seinen Gesprächspartner erkannte.

„Kommissar Müllerjahn, was haben Sie denn mit dem Kriminaldirektor angestellt, dass Sie jetzt hinter einem vermutlich gestohlenen Traktor herschleichen müssen? Und sind Sie absolut sicher, dass auf dem uralten Teil nicht doch einer von den Messharts hockt, um seine Kohlköpfe abzuliefern?"

Der Kripobeamte versicherte dem Mann am Polizeifunk, dass er sich seiner Sache völlig sicher sei. Schließlich handelte es sich bei Familie Messhart um die Nachbarn seiner Schwiegereltern, Verwechslung daher ausgeschlossen!

„Ich muss Sie bitten, Kommissar, hinter dem Traktor zu bleiben, bis klar ist, wohin die nächtliche Reise geht. Aber wem sage ich das. Der nächste Streifenwagen kommt Ihnen von Sigmaringen entgegen."

Müllerjahn führte noch ein weiteres Gespräch mit dem Kollegen, den er eigentlich ablösen sollte. Thorsten Kreenhein trug den verlängerten Dienst mit Fassung und wünschte Müllerjahn viel Glück. „Schade, dass ich nicht dabei sein kann. Eine komplette Fuhre Weißkohl als Diebesgut, das hat man nicht alle Tage. Damit kommen Sie bestimmt in die Zeitung, Müllerjahn. Ich sehe Sie schon als den nächsten Kriminaldirektor!"

Der Kommissar lachte schallend. „Da bin ich anderer Meinung, Thorsten. Den medienkompatibelsten Fall hat nach wie vor Kollege Krawinkel von Drogen II vorzuweisen. Mit seinem Neffen im Polizeijogger als Tarnanzug können meine Kohlköpfe nicht mithalten."

„Nur Mut, verehrter Kollege", antwortete Kreenhein. „Die Nacht ist noch lang. Mal gespannt, wohin die Burschen das Zeug bringen."

Es gab keinen Gegenverkehr mehr, Müllerjahn musste zu einer List greifen. Er blieb weiter hinter dem Traktor, ließ sich ein wenig zurückfallen, holte ein Stück auf, schlingerte leicht. Wer nicht wusste, wer im Wagen saß, konnte nur an einen Betrunkenen denken, der nicht mehr die nötige Kontrolle über sein Fahrzeug besaß. Traktor und Pkw fuhren durch das verschlafene Veringendorf.

Am Ortsausgang, wo die schnurgerade und sehr gut ausgebaute Bundesstraße zum Rasen einlud, beschleunigte auch der Traktor. Der Kommissar schmunzelte. Das uralte Nutzfahrzeug schaffte es tatsächlich, mit einer Geschwindigkeit von 65 km/h über die Straße zu rumpeln. In Müllerjahns Rückspiegel tauchte ein Streifenwagen auf. „Mist auch, dass ich keinen Dienstwagen habe!", fluchte der Kommissar leise. „Jetzt kann ich mich nicht über Funk melden." Der Kommissar ließ sich erneut ein wenig zurückfallen. Offensichtlich verstanden die Kollegen. Der Streifenwagen überholte Müllerjahns Fahrzeug und setzte sich vor dieses. Die Leuchtschrift im Heckfenster forderte den Fahrer zum Halten auf. Müllerjahn hielt am rechten Fahrbahnrand, eine Streifenbeamtin stieg aus und ging auf den Wagen des Kommissars zu. Der Traktor nebst Anhänger und Diebesgut rumpelte weiter.

Die Miene des Kripomannes erhellte sich, als er die Streifenbeamtin erkannte. Karoline Leiniger war eine der fähigsten Frauen bei der Sigmaringer Polizei.

„Kommissar Müllerjahn, der alte Herr Messhart lässt sich für Ihre Aufmerksamkeit bedanken. Die Kollegen, die aus Sigmaringen kommen, sind erst kurz hinter dem Nollhofkreisel und warten am kleinen Lkw-Parkplatz auf weitere Anweisungen", informierte die Beamtin Müllerjahn.

„Ja Frau Leiniger, und wo kommen Sie so schnell her, noch dazu aus Veringenstädter Richtung? In der Funkzentrale wurden Sie nicht erwähnt", fragte der Kommissar.

Karoline Leiniger grinste. „Der letzte Einsatz ging schneller über die Bühne als gedacht. Und eigentlich wollte ich zurück nach Sigmaringen, Feierabend machen. Aber da war noch so ein seltsamer Typ, der hinter einem Traktor herschlingerte ..."

Müllerjahn und die Streifenbeamtin schauten sich um. In der Dämmerung konnten sie den Traktor bequem auf der Bundesstraße ausmachen. Das gestohlene Fahrzeug holperte noch immer geradeaus Richtung Jungnau. Leider befanden sich keine anderen Wagen in Sichtweite. Auch für die Diebe war es kinderleicht, den Verkehr im Auge zu behalten.

Um bei den Tätern keinen Verdacht aufkommen zu lassen, stieg Müllerjahn aus seinem Fahrzeug aus, Karoline Leiniger zog das komplette Programm ab, das fällig war, wenn nachts ein Betrunkener angehalten werden musste. Selbst die Reifen an Müllerjahns Privatwagen mussten sich eine genaue Inspektion gefallen lassen. Derweil hielt der Kommissar, vor dem Kühlergrill stehend, das gestohlene Fahrzeug im Auge. Im Polizeiwagen gab der Kollege, der bis jetzt noch nicht in Erscheinung treten musste, alles Wissenswerte an die Zentrale weiter.

Die Verfolger hatten Glück. Der Traktorfahrer gab ordnungsgemäß Blinkzeichen und bog nach links in eine Seitenstraße ein. Die bereits abgeernteten Felder erlaubten freie Sicht.

„Weit kommt der nicht mehr", freute sich Karoline Leiniger. „Da geht es links zum Steinbruch und rechts zur stillgelegten Gärtnerei. Ansonsten ist da Ende im Gelände."

Müllerjahn und die Streifenbeamten nahmen die Verfolgung wieder auf.

In einem der alten Treibhäuser wurde trotz der späten Stunde noch gearbeitet, wie die drei Geländewagen auf dem Parkplatz der Gärtnerei und die eingeschaltete Beleuchtung zeigten. Entweder bemerkten die Nachtarbeiter ihre späten Besucher nicht, oder sie zogen es vor, unauffällig drinnen zu bleiben und *toter Hund* zu spielen. Messharts Traktor, der Anhänger und seine Ladung standen unbeachtet auf dem Hof.

Müllerjahn, die beiden Streifenbeamten aus Sigmaringen, Karoline Leiniger und ihr Kollege marschierten direkt auf den Eingang des beleuchteten Treibhauses zu. Einer der Uniformierten lief geduckt zu einem offen stehenden Fenster und riskierte einen Blick ins Innere, ehe er den Kollegen winkte, es ihm gleich zu tun. Der Kommissar machte runde Augen, schaute zu Karoline Leiniger, die wiederum ihn mit ungläubigem Gesicht ansah. „Hanf bis zum Abwinken", hauchte die junge Beamtin. „Das reicht für einen halben Landkreis und für ein ganzes Jahr."

Die Vernehmung an Ort und Stelle erwies sich als äußerst schwierig. Die vier jungen Männer, die von den Polizisten derart auf frischer Tat ertappt, festgenommen wurden, schienen selbst ihre besten Kunden zu sein. Offensichtlich pflegten sie regelmäßig Stichproben zu nehmen und zu verkosten. Jedenfalls waren sie *stoned*. Bei einem von ihnen handelte es sich um den Enkel des Gärtnereibesitzers. Müllerjahn versuchte, aus dem ältesten der Verhafteten etwas über den gestohlenen Weißkohl in Erfahrung zu bringen. „Wozu sollte die ganze Aktion eigentlich gut sein?", fragte er den Mann. „Bitte erzählen Sie mir nicht, dass Sie das Zeug zu Sauerkraut verarbeiten wollten. Wir sind hier auf der Alb, nicht im Rheinland."

Sein Gegenüber schaute ihn verständnislos an: „Wieso Weißkraut? Mostäpfel haben wir uns besorgt. Für die alte Presse da hinten. Meine Tante kennt ein prima Rezept."

Müllerjahns Blick wanderte zu der alten Mostpresse am anderen Ende des Treibhauses. Dort wartete ein museumsreifes Stück Technik auf seine Wiedererweckung. Zwei Körbe mit Weißkohl standen daneben. Der Kommissar hatte keine Lust, ausgerechnet einem Berauschten einen Schnellkurs in Landwirtschaft zu erteilen. Er winkte Karoline Leiniger zu sich und bat sie, die Verhafteten zum Amtsarzt zu bringen.

Alles, was um diese späte Stunde getan werden musste, war getan; der Rest konnte warten. Müllerjahn zog sein

Privathandy aus der Tasche und wählte Thorsten Kreenheins Nummer.

„Entschuldige, dass ich noch immer nicht zur Ablösung da bin. Aber dafür habe ich eine Geschichte zum Besten zu geben, da kann nicht einmal Krawinkel von Drogen II mithalten."

Marlene Geselle, geboren 1957 in Wassenberg/Rheinland, ein paar Mal umgezogen, lebt und arbeitet derzeit auf der Schwäbischen Alb als Hausfrau und Autorin. Ihre schriftstellerischen Schwerpunkte sind Kurzkrimis und Kurzprosa, die bereits zahlreich veröffentlicht wurden. Hobbys: Landschaftsfotografie, Gärtnern, Bücher sammeln, Menschen beobachten (selbstverständlich ohne Kamera).

Virgilia Rath

Erst konnte ich nicht mehr atmen.
Doch dann schrie ich.
Laut.
Schmerzerfüllt.
Die kalte Luft brannte unerträglich in meiner Lunge.
Ich schrie und rannte, während sich meine Eingeweide so eng zusammenschnürten, dass ich das Gefühl bekam, mich augenblicklich übergeben zu müssen.
Doch ich tat es nicht.
Meine Füße trugen mich einfach nur weiter.
Weiter zu ihr.
Erst langsam und schwer, dann immer schneller.
Ich warf mich auf den Boden und legte meine Hände schützend auf die blutende Wunde.
Aber es war zu spät.
Sie war tot. Für immer tot.
Und ich war allein. Einsam und ohne sie. Ein Teil meines Lebens hatte mich für immer verlassen.

Der Wecker klingelte; gerade im richtigen Augenblick. Ich schlug die Augen auf, rührte mich aber nicht. Ich konnte es nicht. Der Schock saß noch zu tief in meinen Knochen. Mein Atem ging flach und schnell.

Nach einer Weile spürte ich, wie meine Hand im Dunkeln nach dem nervtötenden Piepsgeräusch neben meinem rechten Ohr tastete und den Wecker schließlich abstellte. Eigenartig. Ich erinnerte mich nur noch schemenhaft an das Vergangene. Ich hatte überhaupt nicht gut geträumt, das wusste ich noch. Ein Albtraum, wie ich ihn noch nie zuvor erlebt hatte. Doch was ich geträumt hatte, hatte ich schon wieder vergessen. Es war wie weggeflogen, als mich der rasselnde Wecker dazu gezwungen hatte, den Horror hinter mir zu lassen, und wieder in die Wirklichkeit einzutauchen. Das Einzige, woran ich mich noch erinnerte, war, dass alles furchtbar real gewirkt hatte.

Beinahe zu real ...

Das war kein gutes Zeichen, das wusste ich. Wenn ein Tag schon mit einem Albtraum anfing, noch dazu mit einem, wie diesem, war die Katastrophe praktisch schon vorprogrammiert. Irgendetwas würde heute passieren, das spürte ich.

Ich schaltete das Licht ein und blickte auf die Uhr. Mist, schon wieder so spät dran! Und das, obwohl ich mir den Wecker schon fünf Minuten früher gestellt hatte als normalerweise. Na ja, aber diese fünf Minuten hatte ich nun doch wieder verschwendet, während ich über die vergangene Nacht nachgedacht hatte. Dieser verdammte Albtraum!

Ich schmiss meine Decke zur Seite, sprang aus dem Bett und lief ins Badezimmer, um mich zu duschen. Danach schnappte ich mir die letzte Scheibe Brot aus der Küche, schmierte etwas Marmelade darauf und schlang sie hinunter, während ich meine Klamotten vom Vortag anzog. Dann klingelte es auch schon an der Haustüre.

Ich öffnete und blickte meiner besten Freundin Jenny direkt in die Augen. Ich kannte Jenny schon mein ganzes Leben lang. Sie kannte mich besser als irgendjemand sonst und ich konnte mit ihr über alles reden, egal, wie absurd es auch klingen mochte.

„Na komm schon, Lena! Wir sind mal wieder extrem spät dran!", sagte sie zur Begrüßung.

„Wenn wir heute wieder zu spät zur Arbeit kommen, werden wir mit Sicherheit gefeuert."

Ich nickte, schnappte mir den Haustürschlüssel und folgte Jenny auf die Straße hinaus. Aber irgendwie hatte ich ein ungutes Gefühl, als wir das Haus verließen. Auch wenn ich mir nicht erklären konnte, woher dieses Gefühl stammte.

Jenny und ich hatten ein unglaubliches Talent dazu, morgens auf den letzten Drücker aufzubrechen und die Arbeit ständig um wenige Minuten verspätet zu erreichen, ganz zum Ärger unseres gemeinsamen Chefs, der diese Unpünktlichkeiten verachtete. Wir rasten die engen Bürgersteige entlang, hinunter zum Büro.

Von mir bis zur Arbeit war es zwar nicht sehr weit, aber zu Fuß immerhin gute fünfzehn Minuten. Doch heute sollten wir sie gar nicht erreichen.

Noch während wir hetzten, musste Jenny anfangen, über unser Aussehen zu lachen. In ihren Augen sah es einfach zu komisch aus, wie wir mit unseren angeknabberten Broten wieder einmal eilig die Straßen entlangliefen. Doch ich konnte nicht lachen. Das ungute Gefühl stieg immer weiter an, je näher wir unserer Arbeit kamen.

Plötzlich hörten wir hinter uns lauter werdende Sirenengeräusche ertönen. Überrascht und völlig außer Atem, blieb ich stehen, um zu sehen, wohin das große Polizeiauto fuhr. Was war passiert? War jemand verletzt? Ich sah mich nach einem Unfallort um, nach Verletzten oder sonst irgendetwas Auffälligem.

Jenny jedoch rannte weiter. Erst jetzt verstand ich, dass es überhaupt keinen Unfall gab, noch nicht zumindest. Die Polizisten verfolgten jemanden. Und Jenny lief und lief. Mitten hinein ins Geschehen.

Gegenüber der Straße, auf der wir uns befanden, war die Bank. Sie stand an einer Stelle, an der Jenny und ich morgens immer die Straßenseite wechseln mussten, um zur Arbeit zu gelangen. So wollte meine Freundin es natürlich auch an dem heutigen Morgen machen.

Doch gerade aus dieser Bank kamen im nächsten Augenblick zwei maskierte Männer herausgeschossen, der eine mit einem prall gefüllten roten Plastikbeutel, der andere mit je einer geladenen Waffe in seinen klobigen Händen.

Die Reifen des Polizeiwagens kamen quietschend und rutschend auf dem Asphalt zum Stehen. Ein halbes Dutzend bewaffneter Polizisten stürmte aus dem Fahrzeug und versuchte, die beiden Verbrecher zu umzingeln. Die Bankräuber waren schon beinahe endgültig umzingelt, nur noch ein kleiner Fluchtweg zwischen zwei Polizisten war zu erkennen, gerade so breit, dass Jenny, ohne es zu beabsichtigen, ihm im Vorbeirennen für einen kurzen Moment verdeckte und so den Dieben ihren letzten Ausweg zu versperren drohte. Ich sah, wie der bewaffnete Mann kurz entschlossen mit seiner Pistole auf Jenny zielte.

Das war der Moment, der mein Leben – und besonders das von Jenny, für immer verändern sollte.

KNALL!

Ich hörte den Schuss und mein Trommelfell zuckte zusammen, während mein ganzer Körper sich verkrampfte und ich wie versteinert das Geschehen beobachtete.

Jenny war getroffen.

Sie stolperte. Fiel zu Boden – und blieb reglos liegen. Der Kerl, der sie erschossen hatte, sprang lachend über ihre Leiche und floh. Meine Welt brach innerhalb von dem Bruchteil einer Sekunde in sich zusammen. Ich war wie versteinert, blickte nur noch auf den regungslosen Körper meiner Freundin.

Erst konnte ich nicht mehr atmen.

Doch dann schrie ich.

Laut.

Schmerzerfüllt.

Die kalte Luft brannte unerträglich in meiner Lunge. Ich schrie und rannte, während sich meine Eingeweide so eng zusammenschnürten, dass ich das Gefühl bekam, mich augenblicklich übergeben zu müssen. Doch ich tat es nicht. Meine Füße trugen mich einfach nur weiter.

Weiter zu ihr.

Erst langsam und schwer, dann immer schneller.

Ich warf mich auf den Boden und legte meine Hände schützend auf die blutende Wunde.

Aber es war zu spät.

Sie war tot. Für immer tot.

Und ich war allein. Einsam und ohne sie. Ein Teil meines Lebens hatte mich für immer verlassen.

Virgilia Rath, 17 Jahre, wohnhaft in Viersen, schreibt gerne Geschichten und liest. In „Fantastisch gute Kindergeschichten, Band 2" und „Wünsch dich ins Wunder-Weihnachtsland, Band 3" wurde bereits etwas von ihr veröffentlicht. Ihre Lieblingskrimis sind „Mr. Monk und die Wurzel allen Übels" und „Columbo: Die letzte Show".

Gabi Eder

Ein Fall für K & K

Vergnügt trabt Lisa nach Hause. „Spielplatzwetter und keine Aufgabe! Das wird ein prima Nachmittag."

Der Pferdeschwanz wippt auf und ab und die Stifte in der Schultasche klappern den Takt dazu. Beim Jägerzaun, der Vorgarten und Gehsteig trennt, wartet bereits Cleopatra. Wie eine Statue sitzt die Katze da, den Schwanz elegant über die Vorderpfoten gelegt, und starrt hinauf zur Loggia. Auf der steht Opa Grimm und sieht ganz und gar nicht freundlich aus.

Lisa krault die Katze hinter dem Ohr. „Cleopatra, wartest du auf mich?" Die Schöne reagiert nicht auf die Begrüßung, blickt nur stur nach oben. „Hallo, Opa Grimm", ruft Lisa, „warum schaust du so finster?"

„Weil mir jemand schon wieder meinen Euro gestohlen hat!" Der alte Herr deutet auf den schmalen Bistrotisch, der, von zwei Klappstühlen eingerahmt, an der Seitenwand des Balkons Platz findet. „Hier liegt immer eine Euro-Münze. Damit ich sie gleich bei der Hand habe, wenn Frau Huber mit der Rätselzeitung vorbeikommt."

„Vielleicht ist sie hinuntergefallen. Warte! Ich helfe dir suchen."

Schwups, schon liegt die Schultasche im Gras und Lisa klettert geschickt vom Zaun auf die hohe Mülltonne. Von dort balanciert sie ohne Probleme auf das Balkongeländer. Cleopatra folgt mit einem Satz.

„Kein Wunder, dass mein Geld verschwindet. Wenn jeder heraufsteigen kann", brummelt Opa Grimm.

„Aber wer weiß, dass hier Geld liegt? Von unten kann

man ja gar nicht auf den Tisch schauen", überlegt Lisa und kriecht darunter.

Cleopatra förderte einen weißen Hemdenknopf zutage. Lisa findet nicht einmal einen Knopf. „Leider, Opa Grimm. Aber ärgere dich nicht länger! Am Nachmittag komm ich mit meinen Freunden. Wir schieben den Müllcontainer weg. Dann kann der Dieb schauen, wie er heraufsteigt."

Gleich nach dem Mittagessen schleppen Lisa, Lukas, Anna und Mehmed das gelbe Plastikungetüm beiseite. Cleopatra schaut interessiert zu.

„Frech ist er schon, der Dieb! Klaut am hellen Tag vor aller Augen", meint Lukas empört.

„Ich versteh nicht, dass ihn niemand gesehen hat" wundert sich Anna. „Auf dem Gehsteig sind ständig Leute unterwegs."

„Jetzt ist jedenfalls Schluss mit dem Raufsteigen", beendet Lisa die Diskussion. Mehmed sagt gar nichts.

„Das war nett von euch", bedankt sich Opa Grimm und holt vier Äpfel aus der Schüssel. Lisa dreht sich zu Mehmed, der mit gesenktem Kopf und hängenden Schultern dasteht.

„Was ist denn los mit dir?"

„Wenn in meiner Schule Geld fehlt, heißt es gleich: Das waren die Sch... Ausländer! Die stehlen wie die Raben", murmelt Mehmed. „Vielleicht glaubt Opa Grimm auch, dass ich seinen Euro genommen habe."

„So ein Blödsinn" schimpft Opa Grimm. „Weder ich noch sonst jemand glaubt das!"

„Wir halten einfach die Augen offen", schlägt Lukas vor, „und wenn wir in der Schule sind ...",

„... passt Cleopatra auf", lacht Mehmed. „Sie ist eine sehr gescheite Katze. Versteht alles, sieht alles, weiß ..."

„... weiß, dass wir jetzt auf den Spielplatz gehen. Der

nächste Regen kommt bestimmt." Anna gibt Lisa einen Klaps. „Du bist dran! Fang uns!" Lachend läuft Lisa den anderen nach.

Annas Wetterprophezeiung stellt sich als wahr heraus: Die nächsten drei Tage regnet es junge Hunde. Kinder und Katze schleichen mit Schlechtwettermienen durchs Haus, nur Opa Grimm hält äußerst zufrieden drei Rätselhefte hoch.

Am vierten Tag wartet keine Katze am Zaun. Die sitzt, den Schwanz wie eine Flaschenbürste gesträubt, neben Opa Grimm auf dem Balkon und man weiß nicht, wer von den beiden zorniger dreinschaut.

„Zu früh gefreut", poltert Opa, als die Kinder kommen. „Mein Euro ist wieder weg!"

„Cleopatra, hast du den Dieb gesehen?"

Die Katze springt von der Loggia, geradewegs in das Blumenbeet. Blumen sind noch nicht gepflanzt, aber da liegt frische dunkle Erde. Bedächtig stiefelt Cleopatra mitten durch das Beet. Hält an. Blickt auffordernd zu den Kindern hoch. Lisa zupft Mehmed am Ärmel: „Ich glaub, sie will uns etwas sagen." Noch einmal pflügt Cleopatra von einer Seite zur anderen.

„Ach, wenn du bloß reden könntest", seufzt Anna.

„Ich weiß, was sie meint. Schaut doch!" Mit ausgestrecktem Finger deutet Jonas auf die zierlichen Pfotenabdrücke, die sich deutlich auf der dunklen Erde abzeichnen. „Seht ihr die Spuren?"

Verständnislos schüttelt Anna den Kopf. „Na, und? Auf der nassen Erde hinterlässt jeder seinen Fußabdruck."

„Ja, aber mit Betonung auf *jeder*!" Triumphierend zeigt Lukas auf das Beet. „Wo, bitte, sind die Spuren des Diebes?"

Tatsächlich! Außer Cleopatras Pfotenmuster zeigt sich kein Abdruck, unberührt liegt die frische Erde unter dem

Balkon. Opa Grimm zieht die Schultern hoch: „Und wie ist der Dieb dann auf meinen Balkon gekommen?"

Ratlos schaut Lisa zur Loggia hinauf.

„Cleo, bist du heraufgesprungen und hast dir die Münze zum Spielen geangelt?"

Entrüstet dreht die Katze ihren Freunden den Rücken zu. Ein verächtlicher Blick schräg zurück, dann setzt sie sich langsam in Bewegung. Weg von Beet und Balkon, die Mauer entlang bis zur Baumgruppe am Eck. Beim alten Nussbaum bleibt sie stehen, schärft die Krallen an der Rinde und saust wie ein Blitz nach oben. Endstation: Vogelnest. Was will sie da oben? Was hat das Nest mit den Fußabdrücken zu tun? Ist das nicht das Rabennest?

„Cleopatra! Du weißt ganz genau: Vögel sind nichts für nette Katzen", schimpft Lisa. Auch Lukas droht: „Komm sofort herunter, du Satansbraten! Sonst ergeht es dir schlecht".

Weder die nette Katze noch der Satansbraten zeigt Wirkung. Die Katze bleibt, wo sie ist: vor dem Nest.

„Cleopatra! Letztes Mal hat dich der Rabe ordentlich in den Schwanz gezwickt", ruft Anna. „Kannst du dich nicht mehr erinnern?" Die Katze rührt keine Pfote.

„Kommst du nicht runter, dann komm ich rauf!" Mit einem kräftigen Klimmzug zieht sich Mehmed auf den ersten Ast. Von dort klettert er zügig Richtung Nest. Besorgt verfolgen die anderen drei den Aufstieg.

„Pass bloß auf, dass du …" sagt, Lisa, aber da kracht es schon. Holz splittert, kleine Zweige prasseln zu Boden. Es regnet Blätter. Entsetzt starren die drei nach oben. Halten den Atem an. Stille. Dann ein lauter türkischer Fluch. Erleichtert atmen alle auf: Wer flucht, ist lebendig.

„Ich hole beim Hausmeister eine Leiter", schreit Lukas, der Mehmed zur Hilfe eilen will.

„Nein! Nein! Alles OK", ruft Mehmed und setzt nach einer kurzen Pause hinzu: „Ihr glaubt nicht, was ich gefunden habe."

„Was ist los? Sag schon!"

„Eins kann ich euch schon mal verraten: Cleopatra ist unschuldig."

Kaum ist Mehmed am Boden, schaut ihn Lisa von der Seite an: „Warum hast du plötzlich so einen dicken Bauch?" Mehmed lacht: „Abwarten und Tee trinken. Bei Opa Grimm erzähle ich alles."

Auf dem Balkon angekommen zieht er behutsam ein Vogelnest unter dem T-Shirt hervor, stellt es auf den Tisch und holt ein Stück nach dem anderen heraus.

„Da sind sie ja, meine Euro Münzen", ruft Opa Grimm erfreut aus.

„Aber da steckt ja noch mehr drin, wundert Lisa sich: „Ist das nicht die Brille von Onkel Hans?"

„Und der verlorene Waschküchen-Schlüssel!"

„Der Breilöffel vom kleinen Bruno!"

„Und Mamas Ohrclip!"

Mehmed grinst: „Ich freu mich auf die Gesichter, wenn wir die geklauten Sachen zurückbringen ...",

„... und erzählen, dass der Dieb ein Rabe war", lacht Lukas mit.

„Aber zuerst bedanken wir uns bei Cleopatra", wirft Lisa ein, „ohne sie hätten wir den Dieb nicht erwischt."

Opa Grimm ist Lisas Meinung und stellt eine Untertasse auf den Boden. „Schlagsahne, Miezekatze", sagt er. „Die hast du dir verdient."

Anschließend ziehen Kinder und Katze im Triumphzug durchs Haus und verteilen die Diebesbeute an ihre rechtmäßigen Besitzer.

„Meine Lesebrille! Wo ich die überall gesucht habe",
staunt Onkel Hans. „Darf ich euch auf eine Cola einladen?
Dabei erzählt ihr mir, wie die erfolgreichen Detektive von
Kind & Katz dem Dieb auf die Schliche gekommen sind."
„Machen wir gern, Onkel Hans", sagt Lisa.
Dann flüstert sie zu den anderen: „Aber zuerst brin-
gen wir das Nest auf den Baum zurück. Wer weiß, wann
Herr Rabe wieder auf Beutezug fliegt …"

Gabi Eder, geboren 1944, arbeitete 35 Jahre als Grundschullehrerin.
Nach ihrer Pensionierung schloss sie an der Uni Salzburg ein Magister-
studium ab. Inzwischen verfasst sie statt trockener wissenschaftlicher
Abhandlungen lieber humorvolle, (selbst)ironische Texte und heitere
Reimereien über Tiere und die kleinen Dinge des Alltags. Am liebsten
schreibt sie Geschichten über und für Kinder. Bei einem Lyrikwettbe-
werb für Senioren erreichte sie den vierten, bei Schreibwettbewerben
des Inselchen-Verlags und der Elfenschrift den ersten Platz, zahlreiche
Erzählungen wurden in Anthologien und Zeitschriften veröffentlicht.

Margit Kröll

Hausarrest

Mika konnte es nicht glauben. Er hatte einen Monat Hausarrest bekommen! Dabei hatte er doch gar nichts angestellt – dieses Mal nicht. Klar, dass ihm automatisch dafür die Schuld gegeben wird.

Er war ein wilder Junge, immer für Blödsinn bereit, aber Papas Arbeitszimmer hatte nicht er auf dem Kopf gestellt. Nach seiner letzten Aktion war ihm dies eine Lehre gewesen. Er hatte sich gedacht, es wäre sehr witzig, wenn er die Buchstaben von der Tastatur durcheinanderbringen würde. Die Bücher in den Regalen hatte er aber wirklich nicht durcheinandergebracht! Warum glaubte ihm das bloß niemand? Von Mama hatte er zwei Wochen Hausarrest bekommen und Papa setzte noch mal zwei Wochen drauf, weil er gelogen hätte.

Jetzt, mitten im Sommer, wo andere baden gingen, musste er seine Zeit drinnen im Haus verbringen. Wenigstens durfte er sein Zimmer verlassen, allerdings keinen Schritt nach draußen machen. Hätte er nicht auch noch Fernsehverbot von der letzten Strafe, dann wäre ihm nicht so langweilig geworden. Doch so verwandelte er sich in Detektiv Spürnase. Denn er war das mit den Büchern nicht gewesen und das wollte er beweisen!

Langsam, fast geräuschlos schlich er die Gänge entlang. Manchmal erschrak seine Mutter, da er auf einmal hinter ihr stand. Sie glaubte, er wolle schon wieder einen Streich spielen, aber dazu hatte Mika überhaupt keine Zeit. Er wollte den seltsamen Lauten aus Papas Arbeitszimmer nachgehen. Papa war doch gar nicht zu Hause und seine

Mutter war in der Küche – trotzdem war da etwas zu hören. Hätte doch nur das Haus verlassen dürfen, dann wäre es ganz einfach gewesen. Ein kurzer Blick durchs Fenster und er hätte gewusst, wer da in Papas Arbeitszimmer war. Doch Detektiv Spürnase gab nicht so schnell auf. Zum Nachdenken brauchte Mika nur etwas zum Essen. Er nahm sich eine Banane aus der Obstschüssel und setzte sich gedankenverloren auf dem Boden.

„Ach Mika, warum sitzt du nicht auf einem Stuhl, so wie jeder normale Mensch! Ich habe dich gar nicht gesehen!", schimpfte Mama, als sie beinahe über Mika gestolpert wäre. Bevor er seine Banane halb aufgegessen hatte, kam ihm schon die Idee. Wenn ihn seine Mutter nicht sah, dann konnte er ja hinausgehen. Er durfte sich nur nicht erwischen lassen. Leise schlich er sich zur Haustür, drehte ganz vorsichtig den Schlüssel um und öffnete langsam die Tür. Leider hatte er vergessen, dass die Tür immer laut quietschte, sobald sie geöffnet wurde.

„Mika, du sollst doch nicht rausgehen!", hörte er seine Mutter rufen.

„So ein Mist", fluchte der Junge vor sich hin. Die Tür hatte eine eingebaute Alarmanlage. So leicht konnte er sich nicht hinausschleichen. Die zweite Tür nach draußen war in der Küche. Da war seine Chance noch geringer! Sollte er warten, bis seine Mutter staubsaugte? Das laute Geräusch würde das Quietschen übertönen. Ein Versuch war es wert. Doch der Boden war in allen Räumen sauber. „Nicht mehr lange", dachte sich Mika und holte sich Papier und Stifte. Damit setzte er sich in die Küche.

„Malen kannst du auch in deinem Zimmer!", meinte die Mutter, denn sie wollte gerade für das Mittagsessen aufdecken.

„Ich will nur schnell was machen, dann bin ich wieder weg!", meinte Mika und spitzte seine Stifte, dabei war doch kein einziger Stumpf. Auf dem Weg zum Mülleimer machte er den Deckel des Spitzers auf und verteilte über die gesamte Strecke seinen Abfall.

„Ach Mika, was machst du denn jetzt schon wieder?", fragte die Mutter, als sie die Spuren sah.

„Ups!", war die Reaktion von Mika. Jetzt musste er nur noch kurz warten, dann konnte er sich davonmachen. Doch sein Plan ging nicht auf.

„Mika, jetzt hol sofort den Staubsauger und mach alles wieder sauber und anschließend deckst du den Tisch!", befahl die Mutter. Detektiv Spürnase hatte also keine Zeit mehr, um zu ermitteln. Nach dem Essen musste er mit zum Einkaufen, dabei hasste er das doch! Wenigstens kam er aber wieder einmal an die frische Luft. Wieder zuhause angekommen drangen keine Stimmen mehr aus dem Arbeitszimmer. Mika wollte hineingehen, doch die Tür war zu. Papa sperrte sie seit ein paar Tagen ab, damit sein Sohn nicht wieder auf dumme Gedanken kam.

Am nächsten Tag beobachte Mika genau, wie sein Vater mit dem Auto wegfuhr. Eine Stunde später hörte er wieder Stimmen aus dem Arbeitszimmer. Seltsam, dass dies seine Mutter nicht auffiel. Irgendwie musste er es doch schaffen, seine Mutter abzulenken, um sich aus dem Haus zu schleichen. Schon wieder bekam er Hunger. Diesmal nahm er sich Pudding aus dem Kühlschrank. Schon beim ersten Löffel kleckerte er sich sein T-Shirt voll.

„Ach Mika, kannst du denn nicht aufpassen? Das ist ganz neu. Oma wird nicht begeistert sein!", tadelte die Mutter. Mika musste sofort sein T-Shirt ausziehen und die Mutter versuchte gleich, die Flecken zu entfernen. Der Junge nutzte die Chance und verließ das Haus durch die Küche. Diese Tür quietschte wenigsten nicht und konnte ihn deshalb auch nicht verraten.

Er schlich ums Haus uns spähte durch das Fenster des Arbeitszimmers. Da waren zwei Männer drinnen. Scheinbar suchten sie etwas. Schnell duckte er sich, um nicht entdeckt zu werden. Dabei stieß er gegen den Fensterrahmen und das Fenster öffnete sich. So waren die Männer also ins Haus gekommen! Als die Luft rein zu sein schien, marschierte er wieder ins Haus.

„Warst du unerlaubt draußen?", fragte die Mutter, als sie gerade vom Waschen zurückkam.

„Mama, Mama, da ist jemand im Arbeitszimmer!", rief Mika aufgeregt. Nachdem sie ihm nicht glaubte, zerrte sie einfach zum Arbeitszimmer.

„Na los, sperr auf!", flüsterte er.

„Mika, hör doch auf mit dem Blödsinn!", war ihre Reaktion. Stattdessen schickte sie ihn in sein Zimmer, um sich ein neues T-Shirt anzuziehen. Offensichtlich war ihrem Sohn langweilig und deshalb dachte er sich einfach irgendwelche Geschichten aus.

Mika saß am Fenster und schaute nach draußen. Die Einbrecher müssten das Grundstück durch den Garten verlassen, aber er sah niemanden. Was würde wohl sein Vater sagen, wenn er ihm davon erzählte? Vielleicht würde dann sein Hausarrest endlich aufgehoben werden. Noch drei weitere Wochen konnte er das nicht überstehen.

„Erzähl doch keinen Blödsinn!", war die Reaktion des Vaters, als Mika seine Beobachtungen schilderte.

„Dann sieh doch nach!", forderte der Junge auf.

Mika wurde stutzig. Weder Vater noch Mutter wollten ihm Glauben schenken. War er wirklich so schlimm, was die Wahrheit anbelangte? Jetzt log er doch nicht. Jemand musste ihm doch vertrauen!

Als Mikas Vater am nächsten Tag sein Arbeitszimmer verließ, wurde er genau beobachtet. Mika wollte unbedingt wissen, wo er den Schlüssel versteckte. Vielleicht konnte er dann endlich etwas unternehmen und seine Unschuld beweisen. Endlich verließ der Vater den Raum und sperrte ab. Er legte den Schlüssel ganz oben auf dem Garderobenschrank. Mika musste da nur noch rankommen. Mit einem

Stuhl war das kein Problem, solange seine Mutter ihn nicht dabei erwischte. Es war leichter, als er gedacht hatte.

Um ganz sicher zu gehen, borgte er sich die Digitalkamera seiner Mutter aus und warte, bis er wieder die Stimmen hörte. Leise steckte er den Schlüssel ins Schloss und drehte fast lautlos um. Hoffentlich hatten die Einbrecher das Geräusch nicht gehört. Noch einmal vergewisserte er sich, dass die Kamera genug Batterie hatte, und riss die Tür auf.

Mika erschrak so sehr! Hier wühlten wirklich zwei Männer die Sachen seines Vaters durch und die waren über das plötzliche Eindringen sehr überrascht. Der Junge nahm den Fotoapparat in die Hand und drückte einige Male ab. Die Männer ergriffen die Flucht durchs Fenster, doch die Beweise blieben da, in seiner Hand.

Mikas Eltern wussten nicht recht, ob sie ihm für seine Tat bestrafen oder belohnen sollten. Sein Vater konnte sich jetzt endlich erklären, warum ihm in letzter Zeit Klienten abhandengekommen waren. Die Männer hatten ganz gezielt Akten gestohlen und sie hatten die Dreistheit besessen, sich über eine Woche lang, jeden Tag, ins Arbeitszimmer zu schleichen.

So sehr hatte es Mika es noch nie genossen, im Freien zu spielen. Sein Hausarrest war zum Glück aufgehoben worden, doch das Fernsehverbot blieb zunächst bestehen. Wer weiß, vielleicht würde Detektiv Spürnase so noch einmal ermitteln ...

Margit Kröll, geboren 1983 lebt in Tirol (Österreich). Ihr Hobby, das Schreiben, übt sie seit dem zehnten Lebensjahr aus und hat bis jetzt dreizehn Bücher geschrieben (Bauernhofgeschichten sowie Krimis und Romane für Kinder). Zwischendurch schreibt sie Lyrik und Kurzprosa. Sie arbeitet als Kinderbetreuerin in einem Kinderhotel.

Britta Martens

Wer braucht schon Schrumpfköpfe?

„Hmmmumpf", kam es aus der Ecke des Ferienhauses, das völlig im Dunkeln lag.

„Was ist das?", keuchte Esra. Doch ihre Freundin Jenny begann, leise zu kichern.

„Ich bin nur fast auf Tapsi getreten!" Der alte Bobtail gab noch einen Grunzton von sich, drehte sich um und war schon wieder tief und fest eingeschlafen. Vorsichtig schlichen die beiden Mädchen um Tapsi herum. Esra erreichte als Erste die Küchentür und streckte die Hand nach der Klinke aus. In dem Moment öffnete sich die Tür jedoch von alleine und grelles Licht blendete die Mädchen. „Arghh!", schrien beide. Eine kräftige Hand schob sich aus dem Lichtkegel und zog Esra in die Küche. Jenny torkelte hinterher.

„Was schreit ihr denn hier so rum?", vernahm sie da auf einmal die Stimme ihres Bruders Tim. Jenny stieß keuchend den Atem aus. Sie sah, wie ihr Bruder schnell die Küchentür schloss. Jenny ließ ihn gar nicht erst zu Wort kommen. „Mann, Tim! Warum erschreckst du uns zu Tode?", fuhr sie ihn an.

„Hab ich doch nicht mit Absicht gemacht! Was schleicht ihr überhaupt nachts im Haus herum?", schnauzte Tim zurück.

„Das musst du gerade sagen", setze Jenny gerade an, wurde jedoch von Tims Freund Luca unterbrochen.

„Regt euch ab!", sagte Luca. „Das Popcorn reicht doch für alle!" Jenny und Tim drehten sich zu Luca um, der gerade eine riesige, nach Butter duftende Schüssel aus der Mikrowelle zog.

„Hmm, Butterpopcorn!", schwärmte Jenny. „Viel bessere Idee als die Cracker, auf die wir es abgesehen hatten, oder Esra?"

Esra starrte gebannt aus dem Fenster. „Schaut mal Leute! Dort drüben an dem Haus direkt am Deich läuft irgendwer mit Taschenlampen rum!", sagte sie. Die anderen drei eilten sofort ebenfalls ans Fenster.

„V'leischt ham die Schtromauschfall!", nuschelte Tim mit dem Mund voll Popcorn.

„Was?", fragte Jenny, die nicht ein Wort verstanden hatte. Tim schluckte.

„Stromausfall!", wiederholte er. „Das kann hier im Norden auf dem platten Land schon mal passieren. Die kleinen Dörfer wie das hier bekommen ihren Strom oft noch per Überlandleitung, nicht unterirdisch. Die sind sehr anfällig! Das hatten wir vor den Ferien in der Schule!"

„Angeber!", erwiderte Jenny. „Komm, Esra! Gehen wir wieder nach oben!" Sie füllten etwas Popcorn in eine kleinere Schüssel und ließen die Jungs allein in der Küche zurück.

Am nächsten Tag gingen die vier Kinder mit Tapsi am Strand spazieren. „Das mit dem Stromausfall glaube ich immer noch nicht so recht!", griff Jenny das Thema von der vergangenen Nacht wieder auf.

„Warum nicht?", wollte Tim wissen.

„Esra und ich haben noch auf dem Balkon vor unserem Zimmer gesessen und das Popcorn aufgegessen", erzählte Jenny, „dabei haben wir das Haus am Deich beobachtet. Da hat irgendwer noch eine ganze Zeit lang mit Taschenlampen rumhantiert und dabei irgendwas verschoben. So klang es zumindest. Irgendwann ist dann ein LKW ganz langsam aus der Ausfahrt raus und Richtung Straße gefahren."

„Das klingt wirklich merkwürdig!", sagte Tim nachdenklich. „Lasst uns doch einfach nachschauen, ob wir was

Verdächtiges finden!", schlug er vor.

„Das machen wir!", riefen die anderen drei einstimmig und stiegen den Deich hoch. Wenig später schlichen die vier Kinder um das Haus herum.

„Dort hinten ist ein Fenster, lass uns dort mal einen Blick hineinwerfen!", flüsterte Tim. Die anderen waren einverstanden. Tim und Esra erreichten das Fenster zuerst.

„Und was seht ihr?", fragte Jenny neugierig aus der zweiten Reihe.

„Merkwürdiges Zeug steht da rum!", antwortete Esra. – „Dort stehen Unmengen an alt aussehenden Möbeln und dort hinten liegt irgendwas Kleines auf einem Tisch."

„Lasst uns auch mal sehen!", sagte Jenny und sie und Luca rückten zum Fenster vor.

„Das sieht aus wie Schrumpfköpfe!", stellte Luca nach kurzer Zeit fest.

„Ihh!", antworteten die Mädchen im Chor.

„Pscht, leise!", wies sie Tim zurecht und sagte dann an Luca gewandt: „Warum sollten da Schrumpfköpfe sein?"

„Keine Ahnung! Vielleicht schmuggeln die Typen Antiquitäten?", mutmaßte Luca.

„Schon möglich, aber ..."

„Hört ihr das?", unterbrach ihn Jenny. „Da nähert sich ein Auto! Lasst uns abhauen!" Die vier rannten geduckt vom Haus weg und versteckten sich hinter einem mächtigen Rhododendron-Busch. Von dort aus sahen sie, wie der LKW, den die Mädchen schon nachts beobachtet hatten, hinter das Haus in eine große Garage fuhr.

„Jetzt ist es zu gefährlich, das Haus weiter zu beobachten", erklärte Luca mit Nachdruck. „Lasst uns lieber heute Nacht wiederkommen und schauen, ob sie den LKW wieder beladen!" Gesagt, getan. So schlichen die vier gegen Mitternacht aus dem Ferienhaus und den kurzen Weg hinüber zum Haus am Deich. Sie liefen einmal um das Haus herum.

„Von dort aus kann man die Garage gut sehen!", sagte Tim und deutete auf eine Gruppe Birken im Garten. „Allerdings sind die Birkenstämme auch kein wirklich guter Sichtschutz!", warf Luca ein.

„Das macht nichts!", sagte Jenny. „Wenn sie das Gleiche machen, wie letzte Nacht, können wir das nur von dort aus richtig sehen!" Die vier versteckten sich so gut es ging zwischen den Birken und starrten wie gebannt auf die Garage. Plötzlich öffnete sich deren Tor und der Lichtschein einer Taschenlampe durchschnitt die Dunkelheit. Jenny konnte sich gerade noch ducken, sonst hätte ihr der Fremde direkt ins Gesicht geleuchtet.

„Uff, das Ding wiegt Tonnen!", hörten sie kurz darauf einen Mann keuchen. Dann wurde etwas Schweres über den Boden gezogen. „Mach mal'n bisschen Licht, sonst fällt uns das Ding noch auf die Füße!" Am Rand der Garage flackerte eine Öllampe auf. Die Kinder sahen, wie zwei Männer eine offensichtlich schwere Truhe in einen LKW hievten. Dann gingen sie zurück ins Haus, um wenig später mit einem weiteren Möbelstück zurückzukehren.

„Mensch, die schmuggeln wirklich Antiquitäten!", raunte Tim den anderen zu. „Lasst uns die Polizei rufen!"

„Hast du das gehört?", vernahmen plötzlich die Kinder zu ihrem Schrecken die Stimme eines der Männer. „Hört sich an, als wäre da jemand im Garten!"

Im flackernden Licht der Öllampe sahen die Kinder, wie der eine Mann die Kiste, die er gerade trug, absetzte und zu seiner Taschenlampe griff. Die Kinder sahen sich in Panik an. Was sollten sie nur tun?

„Keine Bewegung!", rief da auf einmal jemand laut und ein grelles Licht blendete die Männer. „Hier spricht die Polizei, heben Sie die Hände hoch und bleiben Sie, wo Sie sind!" Die Kinder sahen mit großen Augen zu, wie mehrere Polizisten zu den beiden Männern hinüberrannten und ihnen Handschellen anlegten. Einer stolperte dabei über die

Kiste und eine Ladung Schrumpfköpfe rollte die Einfahrt hinunter.

Einer der Polizisten kam auf das Birkenwäldchen zu. „Ihr Kinder habt uns einen ganz schönen Schrecken eingejagt, als ihr ins Blickfeld unserer Nachtsichtgeräte geschlichen seid! Gott sei Dank habt ihr euch in sicherer Entfernung gehalten, sonst hätten wir die ganze Sache abblasen müssen. Das wäre sehr ärgerlich gewesen, da wir der Bande schon so lange auf der Spur waren."

Jenny und Esra schauten betreten zu Boden. Luca hingegen stellte die Frage, die ihm keine Ruhe ließ: „Das sind Antiquitätenschmuggler, oder?"

Der Polizist sah ihn anerkennend an. „Schmuggler ist richtig. Nur sind die Antiquitäten, mit denen sie handeln, reine Tarnung. Die Truhen sind voll mit geschmuggelten Zigaretten, die diese Typen schon seit Monaten illegal aus dem Ausland hierher bringen. Über die Ostsee ist es ein relativ kurzer Weg nach Polen, Lettland und zu den anderen baltischen Staaten."

„Zigaretten!", warf Tim ein. „Das macht ja auch viel mehr Sinn! Schmuggeln lohnt sich ja schließlich nur mit Dingen, die auch jemand kaufen will. Und wer braucht schon Schrumpfköpfe?" Die vier Kinder warfen einen Blick auf die Schrumpfköpfe, die überall verteilt waren, und brachen in schallendes Gelächter aus. Auch der Polizist konnte sich ein Lachen nicht verkneifen, denn Tim hatte ja recht. Schrumpfköpfe waren wirklich keine besonders gute Schmuggelware!

Britta Martens *wurde 1979 in Bremen geboren. Sie lebt in Göttingen, wo sie auch studiert hat. Wenn sie nicht gerade in der Rechtsanwaltskanzlei ihres Lebensgefährten arbeitet oder an einer neuen Kurzgeschichte schreibt, liest sie gern und viel. Brittas liebste Krimibücher sind seit ihrer Jugend die Bücher der „Mystery Club" - Reihe von Fiona Kelly, weil sie Spannung, Spaß und ungewöhnliche Fälle so verknüpfen, dass sie nicht nur Kindern und Jugendlichen Freude bereiten.*

Ute Petkelis

Ein Fall für das Kleeblatt

Christine, Marcel und Kevin saßen auf der Schaukel in Oma Gerdas Garten. Die drei warteten auf Judith. Dann wäre das Kleeblatt komplett. Diesen Spitznamen hatten die vier von ihren Schulkameraden bekommen, weil sie Tag für Tag zusammensteckten. Seit einiger Zeit hatten sie ein Projekt ins Leben gerufen: „Hilfe für Bedürftige". Im Dorf gab es viele ältere Menschen, die im täglichen Leben gern die Hilfe der jungen Leute in Anspruch nahmen. Erst gestern hatten Judith und Christine die Fenster bei Frau Schlüter geputzt. Die ältere Dame war durch einen eingegipsten Arm in ihrer Bewegung eingeschränkt und hatte deshalb die hilfreichen Geister gerufen.

Christine erzählte den beiden Jungen gerade von den stets großzügigen Spenden der Frau Schlüter, als Judith um die Ecke sauste. „Ihr glaubt gar nicht, was mir eben passiert ist!", rief sie schon von Weitem. Ganz außer Atem ließ sie sich neben den drei Freunden in den Sand plumpsen. „Ihr wisst doch, dass Christine und ich gestern bei Frau Schlüter die Fenster gewienert haben."

„Ja klar", bestätigte Kevin. „Chris hat soeben berichtet, dass ihr drei Euro dafür kassiert habt. Das hat der alten Dame bestimmt nicht wehgetan, denn sie ist ja nicht gerade arm."

„Da hast du recht. Aber als ich eben auf dem Weg zu euch an ihrem Haus vorbeiging, hat sie mich noch einmal zu sich gerufen. Ich dachte, vielleicht haben wir auf die Schnelle vergessen, ein Fenster zu putzen. Doch es kommt schlimmer."

„Jetzt spann uns nicht auf die Folter", drängte Marcel.

„Sie hat – ihr werdet es nicht glauben! Sie hat Christine und mich doch tatsächlich beschuldigt, einen wertvollen Ring gestohlen zu haben." Die Freunde waren schockiert. Noch nie hatte man ihnen so etwas nach ihren Hilfeleistungen unterstellen wollen. Nie würden sie etwas von anderen Leuten entwenden!

„Wie … wie kommt sie darauf?", unterbrach Marcel die eingetretene Stille.

„Sie behauptet, dass sie im Badezimmer den Ring vor dem Händewaschen abgezogen und auf den Rand des Waschbeckens gelegt hätte. Als sie ihn am Abend wieder anstecken wollte, war er verschwunden."

„Alte Leute sind doch manchmal … na ja, sie vergessen doch schnell etwas", mischte sich Kevin ein.

„Frau Schlüter behauptet aber steif und fest, sie hätte den Schmuck noch gehabt, als wir zum Putzen ins Haus gekommen sind."

„Wir müssen der Sache auf den Grund gehen", entschied Marcel.

„Diebe! Diebe!" Oma Gerda kam, so schnell es ihre müden Beine erlaubten, in den Garten gelaufen. „Ich bin bestohlen worden!"

„Du auch, Oma?" Christine lief ihrer Großmutter entgegen. „Was vermisst du denn?"

„Eine goldene Kette. Ich weiß ganz genau, dass ich sie im Schlafzimmer auf den Nachttisch gelegt habe. Und jetzt ist sie weg. Aber wieso *auch*?"

„Frau Schlüter ist ebenfalls bestohlen worden. Judith und ich sollen ihr einen wertvollen Ring entwendet haben."

„Aber ihr beiden seid doch keine Diebinnen." Oma war entsetzt. „Wir müssen die Polizei informieren. Bei meinem Schmuck handelt es sich um ein altes, wertvolles Erbstück. Ich werde gleich Herrn Bremer anrufen."

„Ich glaube, das ist ein Fall für das Kleeblatt", entschied Kevin. Im selben Augenblick, als Oma Gerda im Haus verschwunden war, fuhr Wachtmeister Bremer auf den Hof. Konnte er etwa hellsehen?

Die vier liefen auf ihn zu.

„Gut, dass ich euch antreffe", sagte Herr Bremer sogleich, als er aus dem Wagen stieg. „Es liegt eine Anzeige gegen euch vor."

„Frau Schlüter?" Judith sah ihn fragend an.

„Ihr wisst es schon?"

„Sie hat mich heute Morgen angesprochen und uns des Diebstahls beschuldigt. Aber wir haben nichts geklaut. Ich schwöre es!" Judith hob die Hand.

„Das glaube ich euch. Doch ich muss der Sache nachgehen. Habt ihr irgendjemanden gesehen, als ihr bei Frau Schlüter wart?"

Judith und Christine dachten angestrengt nach. Plötzlich rief Chris: „Der Schäfer Friedrich ist am Haus vorbeigegangen."

„Friedrich, ein Dieb? Nein." Judith schüttelte ungläubig den Kopf.

„Gut, das ist immerhin ein Hinweis, dem ich gleich nachgehen werde", bedankte sich Herr Bremer.

„Ach, Sie sind ja schneller als die Polizei erlaubt", rief Oma Gerda, die gerade zurück in den Garten kam. „Gut, dass Sie gleich gekommen sind. Mir ist es sehr wichtig, dass Sie die gestohlene Kette finden."

„Ihnen ist auch ein Schmuckstück gestohlen worden?" Der Wachtmeister fühlte sich fast überfordert. „Da ist wohl ein Serientäter unterwegs. Bitte beschreiben Sie mir die Kette." Während Christines Großmutter dem Polizisten alles ganz genau erklärte, sonderten sich die vier Freunde ab.

„Ich kann auch nicht glauben, dass Friedrich der Dieb ist", sagte Chris. „Er hat mich nämlich bemerkt und ist keinen Schritt schneller gegangen, wie es ein ertappter Dieb tun würde. Aber wer soll es gewesen sein?"

Herr Bremer hatte inzwischen alle Fakten aufgenommen und mit seinem Wagen das Grundstück verlassen. Oma Gerda schaute zu den Kindern hinüber, ließ sie aber in Ruhe überlegen und ging zurück ins Haus.

Die Freunde waren ratlos.

"Ich weiß nur noch, als ich im Badezimmer das Fenster putzen wollte, hat mich die alte Dame zu sich gerufen, weil ich ihr ein Glas mit Obst öffnen sollte. In dieser Zeit stand natürlich das Fenster offen. Aber das waren höchstens fünf Minuten. Da kann doch niemand rein- und wieder rausgeklettert sein. Aber wenn Herr Bremer den Täter nicht findet, dann bleiben nur wir beide als Verdächtige übrig."

"Mach dir keine Gedanken, Judith. Wir geben nicht eher auf, bis wir den Räuber gefunden haben." Kevin legte tröstend seinen Arm um die Schulter der Freundin.

Oma Gerda erschien mit einem Tablett. "Mit hungrigem Magen denkt es sich schlecht", sagte sie und stellte das Geschirr auf den Gartentisch. In einer Kanne hatte sie Kakao mitgebracht und auch einen frisch gebackenen Gugelhupf. Auf jeden Platz legte sie noch eine silberne Gabel für den Kuchen.

Judith, Marcel und Kevin gingen hinüber zum Wasserfass, um sich die Hände vor dem Essen zu waschen. Christine hing noch einen Moment ihren Gedanken nach. Als sie den anderen folgen wollte, hörte sie ein eigenartiges Keckern.

Im nächsten Augenblick rauschte ein schwarz-weißer Vogel dicht an ihr vorbei und landete auf dem Gartentisch. Blitzschnell pickte er mit dem Schnabel eine der Kuchengabeln auf und flog auf einen hohen Baum in Nachbars Garten. Da fiel es Christine wie Schuppen von den Augen. Bei Frau Schlüter war das Badezimmerfenster geöffnet gewesen. Auch ihre Oma hatte am Morgen gelüftet. Angestrahlt von der Sonne müssen die Schmuckstücke gefunkelt haben. Und wer konnte solch glitzernden Gegenständen nicht widerstehen?

„Judith, Marcel, Kevin! Ich weiß, wer der Täter ist!" Aufgeregt deutete Chris auf den Lindenbaum. „Dort, dort ist der Räuber!" Die drei Freunde rannten herbei und starrten nach oben. Gerade noch sahen sie den gefiederten Dieb hinter einem Zweig verschwinden.

„Eine Elster?" Fragend sah Marcel die anderen an.

„Eine Elster!", bestätigte Christine.

„Das muss ich sehen", sagte Kevin, kletterte über den Zaun und flink wie ein Eichhörnchen den Stamm hinauf. Dort erspähte er das große Nest des Vogels, der bereits wieder das Weite gesucht hatte. Der Junge streckte seinen Hals und blickte hinein. Tatsächlich, da lagen neben der Kuchengabel nicht nur die Kette der Großmutter, sondern auch der Ring von Frau Schlüter und andere glitzernde Kleinigkeiten. Vorsichtig, ohne das kunstvoll geflochtene Nest zu beschädigen, holte Kevin die Gegenstände heraus und steckte sie in seine Hosentasche. Dann sprang er auf die Erde zurück. „Ich habe das Diebesgut!"

Durch den Lärm angelockt, hatte sich Oma Gerda zu den Kindern gesellt, als Kevin zurückkam. Langsam zog er die Beute aus der Tasche und legte sie auf den Gartentisch.

„Das ist ja unglaublich!", rief die Großmutter. „So eine diebische Elster! Wir müssen sofort Herrn Bremer verständigen. Jetzt muss er statt des Diebs, die Besitzer der anderen Gegenstände ausfindig machen."

Das Kleeblatt lachte und machte sich endlich daran, den leckeren Gugelhupf zu verspeisen.

Ute Petkelis wurde 1958 geboren und lebt heute mit Mann und Sohn im Main-Kinzig-Kreis. Erst 2004 begann sie mit dem Schreiben. Zunächst waren es Kinder- und Alltagskurzgeschichten, später kamen Märchen hinzu. Einige ihrer Texte wurden bereits in Anthologien veröffentlicht.

Gabriela Rodler

Lilys erster Fall

„Dieser Fall ist gelöst!" Zufrieden strich sich Detektiv Oliver Pfiffikus über seine Glatze. Lily schlug das Buch zu. Lesen war Lilys liebste Freizeitbeschäftigung und besonders Krimis hatten es ihr angetan.

Das Mädchen verbrachte einige Tag seiner Ferien bei den Großeltern. Oma verstand ihre Enkelin sehr gut und sorgte dafür, dass Lily der Lesestoff nie ausging. Opa, der in seinem Berufsleben Kriminalinspektor gewesen war, erzählte ihr von seinen gelösten Fällen. Daher war Lilys Vorliebe für Krimis und Detektivgeschichten leicht zu erklären.

Für heute hatte Oma einen Besuch im alten Gutshof geplant. Dort wurden Bücher ausgestellt. Neuerscheinungen und als besondere Attraktion ein Buch vom Autor des Detektivs *Sherlock Holmes*, Sir Conan Doyle. Darin sollten sich handschriftliche Randnotizen des Autors befinden. Angeblich war das Buch deshalb sehr wertvoll.

Am späten Nachmittag fuhren Oma, Opa und Lily zum alten Gutshof. „Ich glaube heute kommt noch ein Gewitter. Es ist so schwül und heiß", meinte Oma. Sie kamen auf eine große Wiese und Opa parkte das Auto. Zu dritt schlenderten sie ins Guthaus.

„Opa, ist das ausgestellte Buch wirklich so wertvoll, wie man sich im Dorf erzählt?", fragte Lily ihren Großvater.

„Es ist aus einem Privatbesitz ausgeliehen und angeblich soll es einige tausend Euro wert sein. Aber Genaues weiß ich auch nicht."

Die drei folgten den Wegweisern, bis sie in einer Bibliothek anlangten. In den Regalen reihte sich ein Buch an das andere. Im Raum verteilt, standen einige Tische auf denen neue Bücher lagen, die man anschauen und ein wenig in ihnen schmökern konnte. In der Mitte des Raumes befand sich ein hohes Pult, auf dem das besondere Schaustück, angestrahlt von zwei kleinen Scheinwerfern, lag.

„Ah, Frau Gruber mit Enkelkind und der Herr Kriminalinspektor. Ich freue mich, es ist mir eine besondere Ehre, Sie bei der Ausstellung begrüßen zu dürfen!" Ein großer dünner Mann streckte ihnen der Reihe nach die Hand hin. „Du bist sicher das Enkelkind", säuselte er und strich Lily mit der Hand über den Kopf. Diese machte einen Schritt zurück. Der Mann war ihr auf Anhieb unsympathisch und besonders störte sie der Geruch seins aufdringliche Aftershaves. „Oma, wer ist den dieser fürchterliche Mann?", flüstere Lily ihrer Oma ins Ohr.

„Das ist der Gutsverwalter. Ich mag ihn auch nicht. Aber komm, jetzt schau dir doch die vielen Bücher an. Ich mache mit Opa eine kleine Runde, es sind so viele Bekannte da", erklärte Oma.

In der Zwischenzeit hatte sich die Bibliothek mit Leuten gefüllt. Der meiste Andrang herrschte bei dem alten Buch. Daher stellte sich das Mädchen an einen der anderen Tische und sah sich die neuen Bücher mit den bunten Einbänden an. Anschließend ging sie die Wände entlang und bewunderte die alten Bücher. Diese waren teilweise in Leder mit verblichener Goldprägung oder in mattes Leinen gebunden.

Überall hingen kleine Hinweisschilder *Bitte nicht berühren*. Das Mädchen konnte der Versuchung nicht widerstehen und zog das eine oder andere Buch heraus, um auch die Vorderseite zu bewundern. Lily streckte die Hand nach einem besonders schönen Buch aus, und als sie es vorsichtig herausziehen wollte, kamen die nächsten vier Buchrücken auch mit heraus. Erschrocken sah die Kleine die Bücher an. Sie bemerkte, dass es sich gar nicht um richtige

Bücher handelte, sondern nur um eine Attrappe. Die fünf vermeintlichen Bücher bestanden nur aus den Rücken, die eine Art leere Schachtel bildeten.

Lily wollte diese Besonderheit ihrem Opa zeigen und ihn auch fragen, wozu das gut sein sollte. Sie sah sich in dem Raum um, konnte ihren Opa aber nicht sehen. Daher schmökerte sie in dem ausgestellten Buch. In der Bibliothek war es durch die vielen Besucher schwül geworden. Draußen dämmerte es bereits und die alten Lüster verbreiteten ein gedämpftes Licht im Raum. Ein Mann fragte: „Kann man hier nicht einige Fenster öffnen? Es ist unerträglich heiß in diesem Raum!"

„Nein, nein, lassen Sie bitte die Fenster zu. Wir haben extra zwei mobile Klimaanlagen hergeschafft. Ich werde sie gleich einschalten!", rief der Verwalter. Lily stand noch immer bei dem Pult mit dem Ausstellungsstück. Plötzlich erlosch das Licht. Gleich darauf wurde Lily hart angerempelt und ein unangenehmer Geruch stieg ihr in die Nase.

„Was ist los?"

„Gibt es kein Licht?"

„Wo ist der Verwalter?"

Fragen schwirrten durch die Dunkelheit.

„Bleiben Sie bitte ruhig, ich kümmere mich um das Licht!", rief der Verwalter. Es dauerte eine Weile und die Leute wurden unruhig und scharrten mit den Füßen. Endlich brannten wieder alle Lampen.

Ein allgemeines Aufatmen ging durch den Raum und Oma rief nach ihrer Enkelin. „Ich bin hier, Oma. Komm, ich muss dir etwas Seltsames zeigen!", sagte Lily und zog ihre Oma zu der Bücherwand mit der Buch-Attrappe. Doch bevor das Kind ihrer Großmutter diese zeigen konnte, ertönte ein Aufschrei: „Das Buch ist weg. Die kostbare Leihgabe ist verschwunden!"

Opa meldete sich energisch: „Bis die Polizei eintrifft, verlässt keiner den Raum. Das Buch ist sicher noch hier. Als pensionierter Kriminalbeamter übernehme ich vorläufig die Verantwortung."

Lily zupfte ihre Oma bei der Hand: „Oma schau, ich zeig dir etwas. Das sind gar keine richtigen Bücher. Dahinter ist eine leere Schachtel." Lily zog die Attrappe heraus. Überrascht sah sie in den Hohlraum dahinter. Da lag ein Buch. Im ersten Moment glaubte Lily, sie habe das verschwundene Buch gefunden, doch dann sah sie, dass es eines von den Neuen war.

„Lily, lass das jetzt. Komm, wir hören, was Opa sagt."

Das Mädchen ging zu einem der Tische, wo die Neuerscheinungen lagen. Es konnte sich erinnern, den Titel, den es gerade in der Attrappe gelesen hatte, auf einem der Tische gesehen zu haben. Das Buch war ihm wegen des bunten Schutzumschlags aufgefallen.

Es lag noch immer auf dem Tisch. Lily öffnete es – und da war das verschwundene Buch. Schnell schloss sie das Buch wieder und sah sich nach Opa um. Zum Glück stand er ganz in ihrer Nähe und Lily winkte ihn eifrig zu sich. Als Opa neben ihr stand, erzählte sie im leise, was sie entdeckt hatte.

Opa überlegte kurz und dann rief er: „Alle bitte einmal herhören. Das verschwundene Buch ist gefunden. Aber es wurde so gut versteckt, dass der Dieb es leicht hätte außer Haus schaffen können. Ich ersuche alle Anwesenden, sich auf denselben Platz zu stellen, wo sie standen, als das Licht ausging. So können wir den Tathergang nachvollziehen."

Eine kurze Unruhe erfüllte den Raum, dann befand sich wieder jeder am seinem Platz. Lily stellte sich neben das nun leere Pult. Plötzlich fiel ihr ein, dass sie jemand angerempelt hatte und mit einem Mal fiel ihr auch der aufdringliche Geruch ein. Sie lief zu ihrem Großvater und flüsterte ihm eifrig etwas ins Ohr. Der Großvater nickte: „So könnte es abgelaufen sein". Opa dachte laut nach: „Der Dieb nimmt das Buch vom Pult, rempelt meine Enkelin irrtümlich an, legt das gestohlene Buch in den Umschlag des neuen Buches. Dieses lässt er in der Attrappe verschwinden. Wenn die Polizei diesen Raum durchsucht, wäre sie bald auf die Attrappe und das gestohlene Buch gestoßen. Ein Buch in einem neuen Umschlag hätte da viel weniger Aufsehen erregt. Jetzt stellt sich nur die Frage, wer wusste, dass das Licht ausfallen würde?"

Opa grübelte und dann meinte er: „Herr Verwalter, ich halte Sie für den Dieb. Lily hat Sie an ihrem aufdringlichen Aftershave erkannt. Ich habe den dringenden Verdacht, dass Sie das Buch stehlen wollten."

„Das ist doch Unsinn! Die Göre bildet sich etwas ein. Wie hätte ich einen Kurzschluss herbeiführen sollen? Ich befand mich doch in diesem Raum!", verteidigte sich der Verwalter.

„Sie haben die Klimaanlagen eingeschaltet. Danach ging plötzlich das Licht aus. Sie sind der Einzige, der wissen konnte, dass die elektrischen Leitungen in diesem alten Haus schwach waren. Durch das Einschalten der zweiten Klimaanlage brach der Stromkreis zusammen."

Der Verwalter tupfte sich den Schweiß von der Stirn und gab zerknirscht seine Schuld zu.

Durch die Aufmerksamkeit von Lily brauchten die Polizisten den Täter nur mehr abführen.

Gabriela Rodler, geboren 1950, lebt in Wiener Neustadt, Österreich. Ihr liebstes Hobby ist Lesen. Seit ihrer Pensionierung schreibt sie Märchen, Kinder- und Kurzgeschichten. Lieblingskrimis: alle von Agatha Christie, Elizabeth George, Deborah Crombie und noch viele mehr. Es wurden bereits verschiedene Erzählungen von ihr in Anthologien veröffentlicht.

Sissy Schrei

Diebe am Supermarktparkplatz

„Mama, darf ich schon einmal zum Auto vorlaufen?", fragte Lena ihre Mutter am Parkplatz des großen Supermarktes. Lenas Mutter nickte, und sperrte mit dem Funkschlüssel das Auto auf. Dann bog sie ab, um den Einkaufswagen zurückzugeben.

Lena lief zum Auto, öffnete die hintere Tür und schlüpfte in das Innere des Wagens. Doch sie setzte sich nicht auf ihren Sitz, sondern versteckte sich hinter dem Fahrersitz. So wollte sie ihre Mutter erschrecken.

Kurz darauf beobachtete Lena, wie ihre Mutter die Beifahrertür öffnete, die Einkaufstasche in den Fußraum stellte und die Handtasche auf den Beifahrersitz legte. Lena wollte schon mit einem schrillen Schrei aus ihrem Versteck hochspringen, als ihr Vorhaben von außen unterbrochen wurde.

„Entschuldigung, können Sie mir helfen?", rief eine männliche Stimme.

Die Mutter schlug die Autotür wieder zu und verschwand aus dem Blickfeld ihrer Tochter. Lena blickte vorsichtig durch die Heckscheibe. Sie wollte zwar nicht gesehen werden, aber dennoch wissen, was draußen vor sich ging. Viel konnte sie nicht erkennen. Ihre Mutter sprach mit jemandem in einem grauen Auto. Schnell versteckte sich Lena wieder hinter dem Fahrersitz und wartete darauf, dass ihre Mutter die Fahrertür öffnen würde.

Doch plötzlich öffnete sich die Beifahrertür. Lena blickte auf und sah in das Gesicht eines blonden Mannes, der seine Hand nach Mutters Handtasche ausstreckte.

„Was soll das?", rief Lena laut und stand auf. Der blonde Mann zuckte zusammen, sah einen Moment lang erschrocken auf Lena und warf die Autotür wieder zu. Dann lief er quer über den Parkplatz davon. Lena stand noch regungslos im Auto, als ihre Mutter kopfschüttelnd die Fahrertür öffnete.

„So etwas habe ich auch noch nicht erlebt", berichtete sie ihrer Tochter. „Zuerst fragt mich der Mann nach einem Weg, doch plötzlich unterbricht er meine Erklärung mit einem kurzen Dank und braust davon. Was sagst du dazu?" Lena sagte dazu nichts, sondern sie erzählte vom versuchten Handtaschenraub.

Ihre Mutter erkannte sofort den Zusammenhang: „Die beiden Männer haben zusammengearbeitet. Während mich der Mann im Auto durch seine Frage abgelenkt hat, wollte der andere meine Tasche stehlen. Dass du auch im Wagen warst, haben die beiden wohl nicht gewusst."

„Ich habe mich ja gut versteckt", lächelte Lena. „Und was machen wir jetzt?"

„Jetzt fahren wir zur Polizei und zeigen den Vorfall an. Und dann bekommst du ein großes Eis – als Belohnung für die Rettung meiner Handtasche."

„Und zum Schluss hat der Polizist gesagt, dass auf diese Weise schon mehrere Handtaschen gestohlen worden sind", beendete Lena ihren Bericht vor der ganzen Klasse.

Da sprang Daniel auf und rief: „Wer hilft mir, diese Diebe zu fangen?"

„Sag nicht so einen Unsinn", ermahnte ihn die Lehrerin. „Das ist schließlich Sache der Polizei."

„Na viel haben die bisher aber nicht gemacht", maulte Daniel noch, doch dann war er ruhig.

Nach dem Unterricht trafen sich Daniel, Lena und noch ein paar ihrer Mitschüler im nahe gelegenen Park.

„Hast du das ernst gemeint?", wollte Jakob von Daniel wissen. „Meinst du wirklich, dass wir die Diebe fangen können?"

„Vielleicht nicht wirklich fangen", gab Daniel kleinlaut zu. „Aber wir könnten sie beobachten und der Polizei den entscheidenden Hinweis liefern."

„Was könnte das für ein Hinweis sein?", wollten die anwesenden Kinder wissen.

Daniel blickte sich siegesgewiss um und antwortete: „Das Autokennzeichen." Doch damit waren seine Klassenkollegen nicht einverstanden.

„Die Nummerntafeln könnten doch gestohlen sein."

„Das ganze Auto ist vielleicht gestohlen."

„Wie soll das der Polizei helfen?"

Alle Kinder sprachen durcheinander, bis Julia schließlich mit den Armen ruderte und um Ruhe bat.

„Die Autonummer kann helfen, muss aber nicht", erklärte sie. „Viel wichtiger wäre es zu wissen, wohin die Diebe nach der Tat hinfahren. Wir müssten sie verfolgen."

„Wie willst du das machen?"

„Vielleicht mit dem Fahrrad?"

„Oder mit dem Scooter?"

Wieder riefen alle Kinder durcheinander, und dieses Mal sorgte Jakob für Ruhe.

„Die Idee mit der Verfolgung ist gar nicht schlecht", meinte er. „Aber wir müssten es mit dem Auto tun. Wer kennt jemanden, der Auto fahren kann und uns helfen würde?"

„Richi", riefen Julia und Daniel wie aus einem Mund.

„Wer ist Richi?", fragte Lena.

„Daniels Halbbruder und unser Nachbar", erklärte Julia. „Er ist wirklich ein cooler Typ. Ich kann ihn ja fragen, ob er uns helfen will."

„Aber zuerst müssen wir uns einen Plan überlegen", warf Jakob ein.

Am nächsten Samstag war es so weit. Richi, der sich wirklich bereit erklärt hatte mitzumachen, parkte sein Auto unauffällig in der Nähe der Supermarkteinfahrt. Er blieb hinter dem Steuer sitzen und las Zeitung. Auf der Rückbank saß Daniel und spielte mit seinem Handy. Die beiden sahen so aus, als ob sie auf jemanden warten würden, der gerade im Supermarkt einkaufte.

Inzwischen behielten Lena, Jakob und Julia von verschiedenen Beobachtungsposten aus den Parkplatz im Auge. Zum Glück wurde ihre Geduld auf keine allzu lange Probe gestellt, denn schon bald blieb ein grauer Wagen in der Nähe des Supermarktausganges stehen. Die Kinder konnten genau beobachten, wie das Auto einer Frau, die zu ihrem Auto ging, nachfuhr.

Während die Frau ihre Einkäufe und ihre Handtasche auf dem Beifahrersitz verstaute, blieb der graue Wagen hinter dem Auto der Frau stehen und versperrte ihr somit den Weg. Die Kinder konnten nicht hören, was gesprochen wurde, aber sie sahen, dass die Frau zu dem grauen Wagen hinging. Und sie sahen auch, dass plötzlich ein blonder Mann die Handtasche aus dem Auto der Frau stahl, sie in eine Einkaufstasche steckte und sich eilig, aber doch unauffällig, davonmachte.

Schnell griff Julia zu ihrem Handy und wählte Daniels Nummer. „Er kommt", flüsterte sie ins Telefon. „Gebt auf den grauen Wagen acht. Ich kann seine Nummer nicht lesen, aber er fährt gleich bei euch vorbei. Seht ihr ihn?"

„Ja", antwortete Daniel und legte auf.

Dann wandte er sich an Richi und machte ihn ebenfalls auf den Wagen aufmerksam. Richi ließ den grauen Wagen vorbeifahren und wartete noch ein paar Sekunden. Dann startete er den Motor und nahm die Verfolgung auf. Vor der ersten Kreuzung hatte er die Diebe schon eingeholt und fuhr ihnen unauffällig nach in Richtung der nächsten Großstadt.

Daniel war inzwischen auf den Beifahrersitz geklettert. Sobald er die Nummerntafel des grauen Wagens lesen konnte, rief er die Polizei an.

„Grüß Gott! Mein Name ist Daniel Brunnbacher. Ich habe die Supermarktdiebe beobachtet und verfolge sie gerade mit meinem große Bruder Richtung Stadt. Können Sie uns bitte mit einem Polizeiwagen ablösen?" Dann gab Daniel noch Beschreibung und Kennzeichen des eigenen Wagens und des Wagens der Diebe durch.

Noch bevor sie die Großstadt erreicht hatten, klingelte Daniels Handy. Ein Polizist meldete sich und teilte ihm mit, dass das Auto hinter Richi und Daniel eine Zivilstreife der Polizei wäre, und dass Richi bei nächster Gelegenheit abbiegen und heimfahren sollte. Alles Weitere würde die Polizei übernehmen.

Am nächsten Tag trafen sich Daniel, Julia, Jakob und Lena bei Richi. Auf dem Wohnzimmertisch lag ein Stapel Zeitungen, in dem die Kinder lasen, während Richi Kakao zubereitete.

„Hört mal, was da steht!", rief Lena. „Supermarktdiebe verhaftet! Vier Kinder schaffen mehr als unsere Polizei! Alle gestohlenen Handtaschen an ihre Besitzerinnen zurück verteilt."

„Hört sich gut an", meinte Jakob. „Vielleicht können wir das ja wieder einmal machen." Die anderen grinsten und schielten abenteuerlustig auf die Zeitungen.

Sissy Schrei, geboren 1967. Sie ist verheiratet und hat drei Kinder. Sie arbeitet als Lehrerin und wohnt in Maria Lanzendorf, Österreich. Ihre liebsten Krimis stammen aus der Feder von Dorothy L. Sayers.

Kathrin Sehland

Der Teddyganove

Als Mama um die Mittagszeit am Herd stand und im Kochtopf rührte, hatte sie so ein ungutes Gefühl. Mama spürte immer, wenn mit ihren beiden Jungs etwas nicht stimmte. Darin war sie außerordentlich gut. Diese seltsame, unglaubliche Stille im Kinderzimmer dauerte bereits eine Weile an. Und Mama überlegte und wartete fast darauf, dass sich irgendetwas tat. Doch als sie im selben Augenblick die schrecklichen Schreie hörte, erschrak sie fürchterlich.

Das war Timo, ihr Großer. Doch warum schrie Timo nur so? Erst vor ein paar Minuten war er aus dem Kindergarten zurückgekehrt. Da konnten sich die zwei Brüder doch nicht schon wieder streitend in den Haaren liegen? Nein, wenn Timo nach Hause kam, freute sich doch sein kleinerer Bruder Sascha immer. Er war erst drei und besuchte noch nicht die Kindertagesstätte. Und deshalb war er neugierig, wollte immer alles wissen und fragte Timo Löcher in den Bauch. Erst viel, viel später kam es vor, dass sich die beiden stritten, wie es nun mal unter Geschwistern so vorkommt. Und dann hörte Mama Schreie aus dem Kinderzimmer. Doch was war jetzt bloß los?

Eilig lief Mama hinüber. Da stand Timo. Beide Hände drückte er an den Mund und blickte erschrocken und mit weit aufgerissenen Augen zu Boden. Er schrie noch immer, aber die Hände dämpften inzwischen den grellen Ton. Auf dem Fußboden sah Mama die Bescherung. Dort lag Franzel. Ein schrecklicher Anblick. Dass Franzel auf dem Boden lag, war nichts Besonderes, denn dort lag er öfter.

Nein, es war einfach der Zustand, in dem sich Franzel befand. Irgendwie schien er nicht mehr zu leben. Das Fell an seinem Bauch war aufgefetzt und die ganze weiße Wolle, die Franzel so schön flauschig werden ließ, hing heraus und verstreute sich auf dem Boden.

Das hatte Timo also zum Schreien veranlasst. Sein geliebter Teddybär – total zerstört! Wer konnte nur so grausam sein? Wer hatte das dem lieben kleinen Franzel angetan? Das fragte sich nun auch Mama. Als Timo Mama bemerkte, sprudelte es aufgeregt aus ihm heraus: „Das war der Verbrecher! Der hat was gesucht!"

Mama schüttelte verwirrt den Kopf. „Wer soll denn das gewesen sein? Und was soll er gesucht haben?"

„Na ja, irgendein Ganove war das", plapperte Timo weiter. „Genau wie gestern Abend in dem Film. Da waren in einem Teddy eine ganze Menge wertvoller Edelsteine versteckt. Das erfuhr ein Ganove, und weil er reich werden wollte, stahl er ihn dem rechtmäßigen Besitzer. Dann schnitt er dem Bär den Bauch auf, zupfte die ganze Wolle heraus und nahm die Edelsteine an sich. Genau so leblos", dabei zeigte Timo mit dem Zeigefinger auf Franzel, „blieb danach der arme Teddy zurück."

Das alles kam Mama sehr bekannt vor. Und Timo merkte, dass Mama etwas merkte. Oh, oh! Was hatte er da nur ausgeplaudert? An Mamas Gesichtsausdruck erkannte er sofort, dass sie nun komische Fragen stellen würde. Denn der Film von dem Timo sprach, lief gestern Abend im Fernsehen. Und es war kein Film für Kinder, nein, nur für Erwachsene. Und deshalb waren Timo und Sascha auch schon im Bett. Sie sollten es zumindest gewesen sein! Waren sie auch. Aber nur kurz. Nachdem Mama eine Gutenacht-Geschichte vorgelesen, einen Kuss gegeben und das Zimmer verlassen hatte, waren Timo und Sascha wieder aufgestanden.

Und das wusste Mama nun.

„So, so!", sagte sie in strengem Ton und vorwurfsvoll. Dabei hob sie Franzel vorsichtig auf. „Und wie kann es sein, dass du von dem Krimi weißt, den Papa und ich gestern gesehen haben?"

Jetzt fühlte sich Timo vollkommen ertappt. Er senkte den Kopf und legte, sagen wir es mal ganz kriminalistisch, ein Geständnis ab: „Sascha und ich haben durch den Spalt in der Tür ins Wohnzimmer hinein gespäht. Wir wollten Detektiv spielen und auf einmal sahen wir den spannenden Film. Wir schauten aber nur bis zu der Stelle mit dem Teddy zu. Dann musste Sascha weinen und ich ihm den Mund zuhalten. Da sind wir schnell ins Bett zurück geschlichen."

Mama schüttelte missbilligend den Kopf.

„Das macht ihr aber nicht noch einmal!", forderte sie mit erhobenem Zeigefinger. „Das Abendprogramm ist nicht für Kinder gemacht. Du bist der Ältere und müsstest so viel Einsicht haben. Für die Zukunft verlasse ich mich auf dich!" Damit reckte sie Timo die Handfläche entgegen und er musste einschlagen.

Aber was war nun mit Franzel? Mama besah ihn sich genau und sagte: „Ich glaube nicht, dass hier ein Ring, Edelsteine oder ein anderer Schatz versteckt waren. Vielleicht war es ja Kitty?" Kitty war die Hauskatze! An und für sich ein friedliches Tier, welches auf leisen Sohlen durchs Haus schlich und nur gelegentlich ein *Miau* von sich gab. Aber Timo hielt es trotzdem für möglich. Wenn schon kein Ganove, dann wenigstens eine wild gewordene Raubkatze. Eine, die sich hinter Mamas großen Palmentöpfen auf die Lauer legt, die ihre spitzen Zähnen wie ein Löwe fletscht und die man deswegen unbedingt einfangen muss.

Das wäre ein tolles Spiel. Safari! Timo machte sich auf die Pirsch und suchte im Haus nach Kitty, der Wildkatze. Schließlich fand er sie auf dem Fensterbrett. Doch zu Timos Enttäuschung zeigte sich Kitty friedlich wie immer. Timo eilte zu ihr und untersuchte detektivisch ihre Pfötchen, ob sich an ihnen etwa ein Stück von Franzels Fell befand. Aber nein, nichts zu finden. Auch ihr Mäulchen begutachtete er. Auch nichts. Keine Fusseln, keine Fellreste, nicht einmal Reste ihres Futters klebten an ihr. Das Kätzchen war vollkommen sauber. Also, Kitty kann es nicht gewesen sein. Sie ist doch so brav, wie sie immer tut.

Timo überlegte. Was nun? Vielleicht hatte ja Sascha etwas bemerkt? Doch wo war nur sein kleiner Bruder? Erst jetzt fiel Timo auf, dass er ihn noch gar nicht gesehen hatte. Wo war er nur? Hatte ihn der Ganove etwa mitgenommen? Gekidnappt? Hatte sich Sascha noch an Franzel, wie an ein Rettungsseil geklammert und ist der Teddy dabei etwa zerrissen? Timo wurde ganz zappelig. Laut rief er: „Sascha?" und dann lauschte er. Nichts. Wieder versuchte er es, nur viel lauter: „Saaaaaschaaaaaa!"

Aber es folgte keine Antwort.

Auf leisen Sohlen schlich Timo durchs Haus. Lautlos öffnete er die Badtür und spähte vorsichtig durch den Türschlitz. Das gleiche machte er mit dem Wohnzimmer und dem Schlafzimmer. Doch da war niemand. Blieb nur noch die Abstellkammer übrig. Die mochte Timo gar nicht. Sie hatte kein Fenster. Hier war es stockfinster, und wenn man nicht sofort auf den Lichtschalter drückte, machten die abgestellten Sachen den Eindruck, als wären sie Gespenster, Kobolde, Einhörner oder Zauberer mit spitzem Hut und dunkelblauen Umhang.

Timo schauderte kurz, doch wenn er ein guter Detektiv sein wollte, so musste er auch hier hineinschauen. Als er die Klinke der Abstellkammer langsam nach unten drückte, erschrak Timo fürchterlich, sodass es ihm bis in den Magen kniff. Leise, aber schnell ließ er den Türgriff wieder los. Drinnen hatte er es grauslich scheppern und klappern hören. Und so etwas konnte nicht von allein kommen. Da musste jemand drin sein! Wie gern hätte er jetzt geglaubt, dass es Kitty war. War sie aber nicht, denn sie lag noch immer faul auf dem Fensterbrett und ließ sich die Sonne auf den Pelz scheinen. Und Sascha? Der konnte es gleich gar nicht sein! Sascha war noch ein größerer Angsthase als Timo. Und vor der dunklen Abstellkammer hatte er besondere Angst.

Einmal hatte Timo Papas langen, blauen Arbeitskittel übergestreift. Seinen Kopf ließ er im Mantel versteckt und mit den viel zu langen Ärmeln wedelte er wie ein kopfloses Gespenst in der Gegend herum. Dazu machte er jaulende Geräusche. Sascha ängstigte sich ganz fürchterlich und rannte davon. Timo natürlich hinterher. So ein echtes Gespenst ist nicht so leicht zu bremsen, wenn es einmal in Schwung ist. Selbst gemauerte Wände stellen kein Hindernis dar. Da geht es einfach hindurch. So dachte das Timogespenst. Nur leider beachtete er eben den kleinen Unterschied zwischen echtem und gespieltem Gespenst nicht. Scheppernd krachte er gegen die Wand und wurde durch den Aufprall nach hinten geschleudert, sodass er schmerzhaft auf seinem Hinterteil landete. Da konnte auch Sascha lachen, aber seine Angst vor der Abstellkammer war geblieben und schon gar nicht kleiner geworden.

Was könnte es also sonst mit dem lauten Geschepper auf sich haben? Da blieb nur einer übrig: der Teddyganove! Der musste sich dort versteckt haben! Vielleicht hatte er sogar Sascha in seiner Gewalt? Und als dieser Timos Rufen gehört hatte, hatte er versuchte sich loszureißen und dabei hatte es gescheppert. So musste es sein. Timo war stolz auf sich, dass er so gut, wie ein guter Detektiv kombinieren konnte. Da hatte sich doch das heimliche Fernsehgucken gelohnt!

Schnell rannte Timo in die Küche. Flüsternd und außer Atem, wie ein Hundertmeterläufer hauchte er Mama zu: „Komm, Mama!" Mama hielt noch immer den kaputten Franzel in der Hand und wusste nicht, wohin sie kommen sollte. Ganz verdutzt schaute sie zu, wie Timo aus dem

Schubkasten eilig die große blecherne Suppenkelle entnahm und Mama am Hosenbein mit sich zog.

„Der Ganove ist hier drin", flüsterte er und zeigte mit dem Finger auf die Abstellkammer. Mama schüttelte den Kopf, aber übernahm sofort die Suppenkellenabwehrwaffe und hielt sie so hoch, dass sie bei Gefahr hätte prima zuschlagen können. Natürlich nur bei wirklicher Gefahr.

Ganz vorsichtig öffnete sie die Tür. Erst einen spaltbreit, dann langsam immer weiter. Nun blickten die beiden wie in ein schwarzes Loch. Um besser sehen zu können, kniff Timo die Augen zusammen. Er erkannte den Staubsauger, den Schrubber, die Eimer und den, ganz brav am Haken hängenden blauen Arbeitskittel von Papa. Hier war kein Teddyganove.

Oder doch?

Nun erst bemerkte Timo den auf dem Fußboden sitzenden Bruder Sascha. War er verletzt oder gefesselt, oder warum saß er auf dem Boden? Hatte er einen Knebel im Mund, weil er nicht geantwortet hatte, als Timo ihn rief?

„Sascha! Hat dir jemand was getan?", fragte Timo zaghaft. Sascha schluchzte auf.

Und Mama fragte mit besorgter Stimme: „Was ist mit dir?"

Dabei reichte sie ihm die Hand und zog ihn aus der Kammer. Im Hellen erkannten Timo und Mama recht schnell den Grund für Saschas Traurigkeit. Da brauchten sie gar keine Detektive sein. An Saschas Pullover haftete eine Vielzahl weißer Flusen. Franzels wollenes Innenleben.

„Ich wollte doch wissen", stammelte Sascha kleinlaut und mit gesenktem Kopf, „ob in Franzel auch ein Schatz steckt."

Timo tippte sich mit dem Zeigefinger an die Stirn, obwohl er es vorhin selbst noch für möglich gehalten hatte, und sagte ganz empört: „So ein Quatsch! Franzel ist doch kein Ganovenbär und schon gar keiner aus dem Fernsehen." Mama streichelte tröstend über Saschas Wange. Dann zupfte sie die weißen Fusseln von seinem Pullover ab und stopfte sie in Franzels Bauch zurück.

„Und was wird nun mit Franzel?", fragte Timo und streichelte das braune Fell des heil gebliebenen Kopfes.

Mama antwortete mit einem Lächeln: „Ich glaube, das kriegen wir wieder hin. Ich jedenfalls sehe mir heute Abend keinen Krimi, sondern einen Arztfilm an. Dann weiß ich, wie man verletzte Bäuche zunäht." Dabei streichelte sie ganz lieb über Franzels kaputten Leib. „Und damit ich morgen nicht schon wieder Schreie aus dem Kinderzimmer hören muss, werdet ihr ab heute abends in euren Betten bleiben und friedlich mit Franzel zur Nacht ruhen!"

Ganz brav nickten die beiden Brüder.

Insgeheim dachten sie aber, dass so ein Arztfilm vor dem Einschlafen bestimmt nicht schaden könnte.

Kathrin Sehland, *geboren 1964, lebt in Wilkau- Haßlau, am Tor zum Erzgebirge. Sie ist verheiratet und Mutter zweier Kinder. Die ausgebildete Maschinenbauzeichnerin und Wirtschaftskauffrau setzt ihre Kreativität bevorzugt in Gedichten und Kurzgeschichten um. Diese fanden in Anthologien wie „Jenseits der Grenzen", „Weihnachtsimpressionen", „Wünsch dich ins Wunder-Weihnachtsland" und in „Diddls Endlosabenteuer" einen Platz und hoffentlich viele Leserinnen und Leser.*

Ann-Katrin Zellner

Die Bedrohung

„Ich habe Angst."

Manuel tröstete seine Freundin Sophie. Seit fast zwei Monaten bekam sie in unregelmäßigen Abständen Drohbriefe und -anrufe. Sie hatte Angst um ihren gemeinsamen vier Monate alten Sohn. Manuel wollte noch nicht zur Polizei gehen. Sie würden ihn nur wegschicken. Außerdem wusste er nicht, wer sie terrorisierte. Bei den Anrufen hörte man immer nur jemanden atmen. Er oder sie sagte nie etwas. Man spürte aber die Bedrohung. Er hoffte, dass sich das wieder legen würde.

Dring! William Herle, der Hauptkommissar, stöhnte. Er hasste Unterbrechungen, während er seinen Kaffee trank. „William Herle, Hauptkommissar, Kripo" meldete er sich eintönig.

„Kannst du jetzt sofort in die Haldenstraße elf kommen? Hier ist ein Mord passiert." Schon hatte der Anrufer wieder aufgelegt. William hasste Leute, die ohne Begrüßung mit der Tür ins Haus fielen. Ben würde es nie lernen. Er griff seufzend nach Jacke, Autoschlüsseln, Handy und machte sich auf den Weg in Richtung Tiefgarage.

Als William in die Wohnung trat, waren die Leute von der Spurensicherung schon da. Er streifte sich die Gummihandschuhe über und schaute sich um. Dann sprach ihn Dr. Prehan, der Notarzt, an.

„Der Tote ist ein vier Monate altes Baby. Der Vater hat es gefunden. Er sitzt im Wohnzimmer." William dankte

Dr. Prehan und marschierte ins Wohnzimmer. Dort saß ein etwa 20-jähriger Mann. „Guten Tag, mein Name ist William Herle, Hauptkommissar. Können Sie mich über die Vorgänge informieren?" Der Mann antwortete nicht gleich. „Sophie ist verschwunden", sagte er dann. „Meine Freundin", vervollständigte er seinen Satz. Er blickte auf. William konnte deutlich den Schmerz in seinen Augen erkennen. „Erst gestern hat sie gesagt, dass irgendetwas geschehen wird. Sie spüre es. Ich sagte, dass es falsch wäre. Letztendlich hatte sie recht. Wissen Sie, ein Stalker hat sie bedroht. Ihr Drohbriefe geschrieben. Angerufen. Ständig. Es hat sie fertiggemacht. Ich tröstete sie immer nur. Ich dachte nicht daran, dass etwas passieren könnte. Ich war dumm. Und jetzt ist sie weg. Und Daniel tot."

„Warum haben Sie nicht die Polizei informiert?", unterbrach William den Mann. Im selben Moment wusste William, dass der Mann sehr wohl wusste, dass man einen anonymen Stalker nicht fassen konnte. Außer er zeigte sich.

„Letztens hat mir jemand die Fahrradreifen aufgeschlitzt", sagte der Mann leise. „Ich dachte mir nichts dabei." Dr. Prehan kam ins Zimmer und unterbrach ihn: „Wir sind fertig." Dann verschwand er wieder.

„Können Sie sich vorstellen, wer als Täter infrage kommt?" William fixierte den Mann.

„Ich habe mir schon den Kopf zerbrochen, aber mir fiel keiner ein, der so etwas Schreckliches tun würde." Er ließ den Kopf hängen.

„Wenn Ihnen noch etwas einfällt, kontaktieren Sie mich bitte sofort." Der Mann nickte. William gab ihm seine Visitenkarte, erhob sich, verabschiedete sich und verließ die Wohnung.

Am nächsten Morgen schaute sich William gerade die Fotos vom Tatort an. Da klingelte das Telefon.

„Herle, Hauptkommissar", meldete er sich.

„Ich habe etwas sehr Interessantes entdeckt. Hast du kurz Zeit?", ertönte es wie immer ohne Einleitung. „Ben, wie oft muss ich dir noch sagen, dass du dich mit dem Namen melden sollst?" „Oft, aber du kennst mich doch", meinte Ben. „Also, kommst du?" „Ja, ich komme sofort." Wütend legte er auf. Dann machte er sich auf den Weg in die Rechtsmedizin.

„Ich habe entdeckt, dass der Junge schon tot war, bevor jemand mit dem Messer auf ihn eingestochen hat. Er hat irgendetwas Giftiges getrunken. Ich kann es aber noch nicht genau bestimmen" sagte Ben. „Auch die DNA-Spuren sind zum jetzigen Ermittlungsstand nicht zuzuordnen. Sie stammen definitiv vom Täter oder der Täterin. Die junge Mutter ist höchst wahrscheinlich entführt worden. Oder sie hat sich selbst getötet. Irgendwo."

„Das ist ja die Frage. Ich habe keine Ahnung. Und keine Anhaltspunkte für eine Entführung." William überlegte. Etwas musste er übersehen haben. Da klingelte sein Handy. „Ja? – Hi. – Ja, ich komme. Bis gleich."

William freute sich. Heute Abend waren er und seine Frau mit alten Freunden verabredet. Allerdings stand er seit 10 Minuten im Stau, was seine Laune langsam in Mitleidenschaft zu ziehen begann. Jetzt begann es auch noch zu gewittern. William stöhnte. Trotzdem war es nach der Hitze der letzten Tage eine willkommene Abkühlung.

William fuhr über die Brücke nach Wildberg. Ein Blitz zuckte über den nachtschwarzen Himmel. Der Lichtkegel erfasste zwei junge Männer. Einer war vermummt und hielt ein Messer gegen den anderen. Es blitzte in der Dunkelheit. William hielt an. Im Scheinwerferlicht seines Autos sah er, wie der Mann mit dem Messer erschrak, sein auf dem Boden liegendes Motorrad schnappte und flüchtete.

Der zweite Mann sprang zeitgleich auf. Es war der Freund der verschwundenen Sophie. William winkte ihn heran. Er stieg sofort ein. Dann schaltete William seine Sirene ein und folgte dem Motorrad. Es fuhr quer durch Wildberg auf ein altes Fabrikgelände. William forderte per Funk Verstärkung an und bog auf den Hof des Geländes ein. Er stieg aus, zog seine Waffe und folgte dem Flüchtigen ins Innere. Der Mann mit dem Messer rannte sehr schnell, doch dann stolperte er in einem Gang über eine am Boden liegende Metallstange. William erreichte ihn. Auch der Freund von Sophie. William zog ihm die Sturmhaubenvermummung vom Kopf. „Tobias!", rief der erschrocken.

„Sie kennen sich?" William war überrascht.

„Ja", antwortete der Mann. „Tobias hat vor zwei Jahren einen Korb von Sophie erhalten. Sie war damals schon mit mir zusammen."

Der Junge auf dem Boden stöhnte. William vermutete, dass sein Bein gebrochen war. „So kann er wenigstens nicht mehr fliehen", dachte er zufrieden. Er sah sich um. Es gab in dem Gang mehrere Türen. Er rüttelte an allen, doch alle waren verschlossen. William überlegte. Dann ging er zu dem Jungen zurück.

„Hast du die Schlüssel für die Türen?", fragte er ihn. Der Junge blickte nur finster vor sich hin. Seufzend durchsuchte William seine Taschen. Er zog ihm aus der Hosentasche einen Schlüsselbund mit mehreren Schlüsseln. Er probierte jede Tür aus. Als der die letzte in dem Gang öffnete, hörte er ein leises Schluchzen. William zog seine Taschenlampe aus der Hosentasche und schaltete sie ein. Der Strahl traf ein Mädchen. Er erschrak.

Das Mädchen blickte ihn aus blutunterlaufenen, angstvollen Augen an. Mehrere rote Striemen waren in ihrem Gesicht zu erkennen. Er griff in seine Tasche, zog sein Handy und rief im Spullberger Krankenhaus an. Die Schwester am Telefon versprach, innerhalb von zehn Minuten einen Krankenwagen zu schicken. William legte auf. Er ließ den Strahl der Lampe weitergleiten. Er sah, dass das Mädchen an die Wand gefesselt war. Hinter ihm betrat Sophies Freund den Raum. Er schrie erschrocken auf. In diesem Moment riefen Stimmen nach William. Er gab dem Mann seine Taschenlampe und verließ den Raum.

„Und? Wie ging die Geschichte aus?", fragte Walter gespannt. William musste erst mal schlucken, um ihm antworten zu können. Das gemeinsame Essen mit seinen alten Freunden fand fast vier Monate später noch einmal statt.

„Eifersucht. Tobias war in Sophie verliebt. Sie gab ihm einen Korb. Zur gleichen Zeit war sie bereits mit Manuel zusammen. Das ertrug Tobias nicht. Dann erfuhr er irgendwann, dass sie von Manuel schwanger war. Tobias bedrohte sie mit Anrufen und Briefen. Als Sophie sich nicht von Manuel trennte, wie er verlangte, drang er in die Wohnung ein. Er hatte den Zeitpunkt gut gewählt, da Manuel nicht da war. Er zwang Sophie, dem Baby eine Milch einzuflößen. Er sage ihr aber nicht, dass diese ein Gift enthielt. Das Baby war sofort tot. Dann offenbarte Tobias Sophie seine Liebe. Sie weigerte sich. Also stach er auf das Baby ein, vor Sophies Augen. Anschließend nahm er sie mit. Er versuchte, Manuel zu finden und auch ihn umzubringen, sodass Sophie keinen Grund mehr hätte, ihn nicht zu lieben."

„Wie schlecht kann ein Mensch sein, um so was auszuführen!", unterbrach ihn Walters erschrockener Ruf. William murmelte etwas von „Schlechte Menschen gibt es überall", und aß seine Pizza weiter. „Sophie geht es besser. Sie muss jetzt eine Therapie machen, um den Schmerz über den Verlust ihres Kindes hinwegzukommen. Ich hoffe, dass es ihr gelingt."

Ann-Katrin Zellner ist 16 Jahre alt und wohnt in Großbettlingen. Ihre Hobbys sind Schreiben, Lesen, Akkordeon spielen, Musik hören und Wandern. Seit 2008 schreibt sie Kurzgeschichten.

Eva Zimmermann

Der entführte Dackel
(Krimi zum Miträtseln)

Johanna liebt es, ihre Ferien bei ihrer Lieblingstante Paula zu verbringen, bei der ist immer etwas los. Sie hat nämlich ein Detektivbüro und erlaubt Johanna, ihr bei der Lösung der Fälle zu helfen.

Gleich am ersten Ferientag taucht dieses Mal eine ältere Frau im Büro auf. Da Tante Paula in einem schwierigen Fall steckt, bittet sie Johanna, sich um die Dame zu kümmern. Johanna stellt wie immer das Aufnahmegerät an, um das Gespräch aufzuzeichnen:

Johanna: Guten Tag, ich bin Johanna! Wie kann ich Ihnen helfen?

Frau Kellermann: Ja, also ... mein Name ist Kellermann. Ach, es ist so schrecklich! Als wir einkaufen gegangen sind, da war noch alles in Ordnung. Und nun ist er weg! Verschwunden, spurlos! Verstehst du?

J: Nein, ich verstehe nicht ganz. Wer ist denn verschwunden?

K: Josef! Mein kleiner Josef! Wenn ihm nur nichts passiert ist! Du musst ihn finden!

J: Nun beruhigen Sie sich erst einmal! Ist Josef Ihr Enkelsohn?

K: Äh, nein. Also, er ist fast wie ein Enkel. Ich habe keine Familie und ohne ihn wäre ich ganz einsam. Bitte finde ihn!

J: Das will ich versuchen. Geben Sie mir doch bitte eine Personenbeschreibung!

K: Er ist klein, hat braune Haare, lange Ohren und

krumme Beine. Eine richtige Schönheit!
J: Ach so, Josef ist gar kein Mensch?
K: Nein, ein Dackel! Er trägt ein Halsband mit seinem Namen, aber leider ohne meine Telefonnummer. Wenn ihn jemand findet, kann ich nicht verständigt werden!
J: Ganz ruhig, Frau Kellermann! Wann und wo haben Sie Josef zuletzt gesehen?
K: Heute Morgen. Wir sind zum Bäcker gegangen, Brötchen kaufen.
J: Ich nehme an, Sie haben Josef draußen gelassen?
K: Ja, natürlich! Ich habe seine Leine am Fahrradständer festgemacht!
J: War die Leine noch da, als Sie herauskamen?
K: Nein, Josef war mitsamt der Leine verschwunden!
K: Hätte sich der Knoten von selbst lösen können?
K: Nein, das war kein Knoten. An der Leine ist ein Karabinerhaken, der am Fahrradständer festgehakt war.
J: Also ist Josef vermutlich von jemandem mitgenommen worden!
K: Du meinst ... entführt? Oh nein!
J: Frau Kellermann, wie heißt die Bäckerei?
K: Bäckerei Brezel in der Kantstraße. Ich gehe immer dorthin und nicht in die Bäckerei bei mir in der Straße, weil ich dann gleich mit Josef seinen Spaziergang machen kann. Die Verkäuferin hat mir noch geholfen, Josef zu suchen.
J: Frau Kellermann, gehen Sie nach Hause. Ich melde mich, sobald ich mehr weiß.
K: Ach, Johanna, bring mir nur Josef bald zurück!

Johanna geht zur Bäckerei Brezel und spricht mit Frau Brandt, der Verkäuferin.
J: Frau Brandt, Sie haben Frau Kellermann heute Morgen bedient?

B: Ja, wie jeden Morgen! Sie kommt immer um acht Uhr herum. Heute betrat sie um Punkt acht das Geschäft. Die Kirchturmuhr schlug gerade.
J: Haben Sie auch den Dackel bemerkt?
B: Ich habe nur durchs Schaufenster gesehen, dass sich Frau Kellermann am Fahrradständer gebückt hat.
J: Sonst haben Sie nichts beobachtet?
B: Doch ... ja! Während ich die Brötchen verpackte, war jemand vor dem Laden und hat sich am Fahrradständer hinuntergebeugt. Es fällt mir erst jetzt wieder ein. Die Person sah sich erst nach allen Seiten um. Hätte ich doch nur gleich nach dem Rechten gesehen!
J: Machen Sie sich keine Vorwürfe! War es ein Mann oder eine Frau?
B: Das konnte ich nicht sehen. Die Person trug eine Kapuze, die tief ins Gesicht gezogen war.
J: Danke, Frau Brandt!

Als Johanna die Bäckerei verlässt, klingelt ihr Handy. Es ist Frau Kellermann, die ist in Tränen aufgelöst ist und so unverständlich redet, dass Johanna gleich zu ihr fährt.

Frau Kellermann öffnet die Tür und fuchtelt aufgeregt mit einem Brief herum: „Lösegeld soll ich zahlen für Josef! Er lebt! Ach, bin ich erleichtert! Ich muss schnell zur Bank!"
„Moment!", unterbricht Johanna. „Darf ich den Brief mal lesen?" Frau Kellermann übergibt Johanna den aus verschiedenen Papierschnippeln zusammengeklebten Zettel:
Wenn Sie Josef lebend wiedersehen wollen, bringen Sie 1000 € zum alten Steinbruch. Heute Abend Punkt 8 Uhr. Keine Polizei!
Johanna sieht auf die Uhr. „Gut, das ist erst in ein paar Stunden. Haben Sie einen Verdacht?", fragt sie und stellt das Aufnahmegerät wieder an.
K: Nein, natürlich nicht! Obwohl ...

J: Ja?

K: Es ist merkwürdig, dass Josef einfach mitgegangen ist. Normalerweise bellt er sich bei Fremden die Seele aus dem Leib! Das hätte ich im Laden doch gehört!

J: Hm, das bedeutet also, dass Josef den Entführer oder die Entführerin kennt!

K: Ja ... stimmt! Daran habe ich noch gar nicht gedacht!

J: Dann müssen wir allen Leuten auf den Zahn fühlen, die Josef kennen. Das kann lange dauern!

K: Nein, Josef und ich wohnen erst seit ein paar Wochen hier und kennen noch nicht so viele Leute. Ich mache schnell eine Liste mit allen Bekannten!

Sobald Frau Kellermann damit fertig ist, geht Johanna an die Arbeit. Zuerst besucht sie Herrn Lehnert, der im Haus gegenüber wohnt. Im Flur stehen zwei Koffer. Will Herr Lehnert das Lösegeld kassieren und dann verschwinden?

J: Guten Tag, Herr Lehnert. Ich möchte Ihnen gerne eine Frage stellen. Wo waren Sie heute Morgen um acht Uhr?

Herr Lehnert: Das kann ich dir ganz genau sagen! Ich war im Bett und habe geschlafen, obwohl ich eigentlich aufstehen und zum Flughafen fahren sollte. Aber mein elektrischer Wecker hat nicht geklingelt. Dabei hatte ich ihn gestern extra gestellt! Ich bin viel zu spät aufgewacht und habe meinen Flug nach Mallorca natürlich verpasst. Es ist wirklich ärgerlich! Der Urlaub ist futsch!

J: Das tut mir leid, Herr Lehnert! Vielen Dank für das Gespräch!

Die nächste Person ist eine junge Frau, die im Haus neben Frau Kellermann wohnt. Sie heißt Rita Berger und ist mit Josef Gassi gegangen, als sein Frauchen krank war. Johanna sieht sich in Ritas winziger Wohnung um. Sie besteht nur aus einem einzigen Raum. Durch eine aufstehende Tür kann Johanna ein kleines Bad sehen. Auf dem Tisch liegen einige geöffnete Briefe, offenbar Mahnungen für unbezahlte Rechnungen.

J: Frau Berger, können Sie mir bitte sagen, wo Sie heute um acht Uhr waren?

Rita Berger: Ja, äh, um acht? Ich war allein hier in meiner Wohnung.

J: Und was haben Sie gemacht?

R: Ich habe geputzt, Staub gesaugt, aufgeräumt und so Haushaltsarbeiten.

J: Und Sie sind sicher, dass es genau acht Uhr war?

R: Ja, denn gerade, als ich den Staubsauger angestellt habe, wurde im Radio die Zeit angesagt: acht Uhr.

J: Vielen Dank. Auf Wiedersehen!

Nun besucht Johanna Frau Wuttke, die Nachbarin von Frau Kellermann.

J: Guten Tag, Frau Wuttke. Können Sie mir bitte sagen, wo Sie heute um acht Uhr waren?

Frau Wuttke: Zu Hause. Meine alte Mutter, die bei mir wohnt, will nämlich täglich um Punkt acht Uhr ihr Frühstück haben, da ist sie eigen. Eine Minute zu spät und sie wird ärgerlich! Ich versuche immer, es ihr recht zu machen, aber manchmal ist das gar nicht so einfach. Heute zum Beispiel war auch so ein Tag: Stromausfall um kurz vor acht, als ich gerade die Kaffeemaschine angestellt hatte! Ich habe gleich beim Elektrizitätswerk angerufen. Mir wurde gesagt, dass die ganze Straße Stromausfall hatte. Nur unsere Straße, keine andere in der Stadt. Meine Mutter war sehr verärgert, als der Kaffee nicht rechtzeitig fertig war.

J: Ich hoffe, dass Ihre Mutter sich inzwischen wieder beruhigt hat.

W: Ja, das geht immer schnell. Als sie schließlich ihren Kaffee bekommen hat, war sie rasch besänftigt.

J: Danke für das Gespräch!

Obwohl Johanna noch nicht alle Leute auf der Liste besucht hat, geht sie zurück zu Frau Kellermann. „Frau Kellermann, ich weiß nun, wer Josef entführt hat. Allerdings kenne ich noch nicht sein Versteck, aber das werde ich bald herausbekommen!"

Johannas Geduld beim Beschatten der verdächtigen Person wird belohnt, als diese in einen Schuppen in der Nähe des Steinbruchs geht, um den Dackel zu füttern. Johanna bringt kurz darauf Josef seinem überglücklichen Frauchen zurück.

Um acht Uhr abends nimmt die Polizei die schuldige Person am Steinbruch fest.

Wer war es? Wodurch hat die Person sich verraten?

Auflösung: Es war Rita! Sie konnte wegen des Stromausfalls gar nicht um acht Uhr Staub gesaugt haben!

Eva Zimmermann ist 59 Jahre alt. Ihr Beruf hat sie nach England gebracht, in ein Dorf in der Nähe von Oxford. Sie schreibt gern Märchen und Geschichten für Kinder und hat bisher drei ihrer Märchen und eine Weihnachtsgeschichte in Anthologien veröffentlicht. Außer Schreiben und Lesen (sie liest gern Krimis ohne Leichen!) sind Buchbinden und Herstellen von Silberschmuck ihre Hobbys.

Verena Hellenthal

Der schwarze Rolf

Pia und Leon hatten Herbstferien. Eine Woche davon verbrachten sie bei ihrem Cousin Tiede auf Borkum. Pia war neun, Leon war elf, Tiede war zehn und Borkum ist eine Insel in der Nordsee.

Pia und Leon kannten die Insel gut, weil sie fast jede Ferien bei Tiede zu Besuch waren. Sie mochten alles auf Borkum, den Strand, das Meer, die Dünen und ganz besonders mochten sie auch noch Tante Kätchen.

Tante Kätchen lebte seit ihrer Geburt auf Borkum und hat noch nie woanders Urlaub gemacht, wie sie stets stolz betont. Tante Kätchen vermietet einige Zimmer an Urlauber, verkauft Kuchen und Eis, nimmt die Post in Empfang, kocht Tee für jeden, der sich zu ihr in die Stube setzt, sie weiß alles, was man auf Borkum wissen muss und besonders gern hat sie Kinder. Oft schenkte sie ihnen Eis oder Kuchen, besonders den Inselkindern und in den Ferien gehörten Pia und Leon selbstverständlich dazu. Außerdem kannte sie neben allem Tratsch und Klatsch, der ihr täglich zu Ohren kam, auch noch ganz viele spannende Geschichten.

„Na, wen haben wir denn da?", freute sie sich, als sie die Kinder sah, und winkte sie gleich in ihre Stube hinein, auf dessen Tisch ein herrlicher Marmorkuchen stand. Sie schnitt jedem ein großes Stück davon ab, und während die Kinder diesen aßen, baten sie: „Bitte, Tante Kätchen, erzähl uns doch eine von deinen Geschichten."

Darum ließ sich das Tantchen auch an diesem Tag nicht lange bitten und begann: „Ich erzähle euch die Geschichte vom schwarzen Rolf. Er war ein Seeräuber, welcher vor vielen Jahren einmal die Nordsee unsicher machte. Man erzählt von ihm, er sie nie geboren worden und könne deshalb auch nie sterben. Als er Borkum heimsuchen wollte, konnten er und seine gesamte Mannschaft durch eine List der Borkumer gefangen genommen werden. Nur seine Tochter verschonte man. Diese aber ließ die Männer in der Nacht wieder frei. Als sie dann von Borkum fliehen wollten, ging aber ihr Schiff unter. So sagt man zumindest. Andere aber vermuten, dass die Geister der Männer in dunklen Nächten für immer herumspuken."

Im Herbst wird es auf Borkum schon recht früh dunkel, und als die Kinder sich auf den Nachhauseweg machten, dämmerte es bereits. Als sie auf dem Küstenweg an den Dünen vorbei kamen, sahen sie dort zwei schwarz gekleidete Personen mit einer seltsamen Kiste herumschleichen. Die beiden schauten sich immer wieder um und verschwanden dann bei dem kleinen Strandkiosk, der um diese Jahreszeit schon längst nicht mehr geöffnet hatte.

Pia machte riesengroße Augen und Leon konnte ihr gerade noch den Mund zuhalten, sonst hätte sie wohl geschrien. Tiede sprach aus, was alle dachten: „Der schwarze Rolf mit seiner Tochter!", blitzschnell liefen die Kinder nach Hause und stürmten zu Tiedes Mutter in die Küche. Dort sprachen sie alle durcheinander, vom schwarzen Rolf, dass er wieder da sei und wie gruselig das sei. Tiedes Mutter beruhigte die Kinder, wollte ihnen aber nicht glauben und sagte nur kopfschüttelnd: „Tante Kätchen immer mit ihren Geschichten." Pia, Leon und Tiede waren sich aber ganz sicher, was sie gesehen hatten und planten, am nächsten Tag den Strand und die Dünen abzusuchen.

Auch als sie nach ihrer Spurensuche nichts gefunden hatten, waren sie sich aber dennoch ganz sicher, dass jemand an dem alten Strandkiosk gewesen sein musste, weil das Schloss im Gegensatz zum Riegel so sauber war. Leon entdeckte zwar frische Fußspuren, darüber konnte Tiede dann aber nur lachen, denn: „Geister hinterlassen doch keine Fußspuren."

Aufgeregt liefen sie zu Tante Kätchen und erzählten ihr alles. Diese war auch ganz aufgeregt und zusammen gingen sie zu Peer Olsen, welcher im Sommer den Strandkiosk betrieb. Dieser glaubte zwar nicht unbedingt an Geister, war aber doch etwas um seinen Kiosk besorgt und ging nun mit ihnen zusammen dorthin.

„Nanu, das ist doch gar nicht mein Schloss", wunderte er sich, während er das neue Schloss an seiner Kiosktür betrachtete. „Da stimmt etwas nicht!", sagte er entschieden und alle fünf eilten nun zu Haug Hansen, dem Inselpolizisten. Dieser hörte sich die wirre Geschichte, von Geistern, dem schwarzen Rolf, dem Kiosk und dem neuen Schloss an und sagte gar nichts. Er runzelte die Stirn, kratzte sich etwas am Bart, griff dann zum Telefon und rief seine Kollegen auf dem Festland an.

Dann wandte er sich an die Kinder und sagte: „Ihr zeigt mir jetzt, wo ihr den roten Ralf und seine Mutter gestern gesehen habt."

„Den schwarzen Rolf und seine Tochter!", sagten die Kinder alle zusammen und die Erwachsenen lachten. Natürlich ließen Tante Kätchen und Peer Olsen es sich nicht nehmen, Haug Hansen und die Kinder zu begleiten.

„Gut", sagte Haug Hasen dann, „heute können wir nicht viel mehr machen, als zu schauen, ob die beiden Gestalten noch einmal auftauchen. Morgen werden dann meine Kollegen da sein." Gemeinsam legten sie sich auf die Lauer und Leon sagte stolz: „Jetzt sind wir echte Geisterjäger. Ist das nicht schrecklich aufregend?"

Nach einer Weile mochte Tante Kätchen sich nicht mehr in den Dünen verstecken, statt dessen ging sie zu Tiedes Mutter, um ihr alles zu erzählen. Die staunte nicht schlecht, wo sie doch den Kindern nicht recht hatte glauben wollte. Währenddessen sahen die auf der Lauer liegenden tatsächlich wieder zwei schwarze Gestalten durch die Dünen huschen und in Richtung des Strandkiosks verschwinden. Haug Hansen hatte einige Not, Peer Olsen davon abzuhalten, gleich hinterher zu stürmen.

„Warte bis morgen, wenn meine Kollegen da sind, dann packen wir uns die beiden", sagte er. Etwas missmutig stimmte Peer Olsen dem schließlich zu. „Bitte bitte, dürfen wir dann auch dabei sein?", bettelten die Kinder. Da Haug Hansen schon sah, dass sie es sich wohl nicht verbieten lassen würden, bat er alle für den kommenden Tag um 15 Uhr in sein Büro.

„Geisterjäger, wir sind echte Geisterjäger", wiederholten die Kinder noch abends in ihren Betten. Sie konnten es gar nicht erwarten, sich am nächsten Tag im Büro des Polizisten zu treffen.

Als es endlich soweit war, waren die beiden Polizisten vom Festland schon da. Statt Polizeiuniform trugen sie aber ganz normale Kleidung. „Um nicht aufzufallen", erklärte Haug Hansen den Kindern, die mittlerweile so aufgeregt waren, dass ihnen alles egal war. Sie wollten nur endlich die Geister vom schwarzen Rolf und seiner Mannschaft einfangen.

Gemeinsam mit Peer Olsen machte man sich dann auf den Weg, diesmal nicht zu den Dünen, sondern direkt zu dem kleinen Strandkiosk. Dort versteckten sich die drei Polizisten in unmittelbarer Nähe, während Peer Olsen mit den Kindern in einiger Entfernung auf der Lauer lag. Er musste versprechen, nicht selbst aktiv zu werden, sondern auf die Kinder achtzugeben. Die gaben nun aber fast mehr acht auf ihn, denn er war mächtig sauer, was jemand an seinem Kiosk zu suchen hatte.

Tante Kätchen wartete derweil bei Leons Mutter, die sich nun doch einige Sorgen machte.

„Meine Güte, ist das aufregend", sagte Pia, während Tiede sich gar nicht traute, seinen Blick von dem Kiosk abzuwenden und Leon seine Hand im Arm von Peer Olsen festkrallte. Und dann ging es ganz schnell. Erst tauchten die beiden schwarzen Gestalten auf, öffneten das Schloss vom Kiosk, brachten ihre Kiste hinein und kamen kurz darauf wieder hinaus. In diesem Moment schnappten die Polizisten zu. Die Handschnellen klickten und weder Peer Olsen noch die Kinder hielt es noch länger in ihrem Versteck. Sie liefen zum Kiosk hin, um zu sehen, was denn nun genau dort vor sich ging.

Zunächst waren die Kinder etwas enttäuscht, als sie sahen, dass dort zwei ganz normale Menschen in Handschellen standen und keine Geister. Als die beiden Polizisten dann aber sagten: „Da seid ihr einer ganz großen Sache auf die Spur gekommen. Die beiden sind Schmuggler. Wir suchen schon länger nach ihnen", waren die Kinder doch mächtig stolz.

Als dann noch am nächsten Tag von ihnen in der Zeitung berichtet wurde, waren sie noch stolzer. *Drei Borkumer Kinder klären Schmuggelfall auf!*, stand dort als große Überschrift. „Na", scherzte Tiede da, „nun seid ihr wohl auch echte Inselkinder."

„Ja, das sind wir wohl", gaben Pia und Leon da lachend zurück. Und Tante Kätchen sagte: „Hab ich doch schon immer gesagt", und freute sich, dass sie wieder eine neue Geschichte zu erzählen hatte.

Verena Hellenthal lebt in Bünde. Tante Kätchens Geschichte vom schwarzen Rolf ist nacherzählt aus: Hermann Lübbing: „ Friesische Sagen. Von Texel bis Sylt". Jena 1928.

Carmen Matthes

Glitzernde Wände

„Um Opa tut es mir wirklich sehr leid." Die brünette Zehnjährige legt tröstend ihre zierliche Hand auf seine. Obwohl es der Großvater ihres gleichaltrigen Freundes war, durfte sie den Restaurator Walther Wickersheim ebenfalls Opa nennen.

„Danke, Alea. Die Polizei sucht bereits seit zwei Tagen nach dem Täter", sagt Fabricius Falteisen, „aber ich bin sicher, sie suchen an der falschen Stelle." Alea Andersen legt ihren Kopf auf den Esszimmertisch und grübelt.

„Lies doch noch mal aus dem Tagebuch vor, das Opa in dem alten Schreibtisch gefunden hat, den er restaurieren sollte."

Fabricius faltet die vergilbten Blätter auseinander und zitiert stichwortartig die wichtigsten Zeilen. „Von Jack Jason ... Winter 1840 ... Fleisch wird knapp ... wollen einen der drei Esel schlachten ... Eines Morgens kam mein Partner angerannt, er sei endlich auf eine Goldader gestoßen. Einen Tag danach war er verschwunden. Habe das Gold im Haus versteckt, das ich mir gekauft habe."

„Hm, wir können doch nicht das ganze Haus durchsuchen, das deine Eltern vor Kurzem ersteigert haben."

„Das ist richtig, Alea, das ist viel zu groß."

Fabricius rückt die schwarze Schildmütze zurecht, die seine schwarzen Löckchen bedecken. Mit fast ebenso schwarzen Augen schaut der schlanke Junge Alea an und sagt: „Das Tagebuch muss der Schlüssel zum Gold sein." Um besser überlegen zu können, beschließen die beiden, sich ein wenig umzusehen.

„Das Haus ist wunderschön, Fabricius. Der gesprenkelte Marmorboden in der Eingangshalle, in dem sich der Kronleuchter spiegelt, fasziniert mich sehr. Und erst diese dunklen Holzgeländer an den Treppen." Alea kommt aus dem Schwärmen nicht heraus, obwohl sie nun schon ein paar Mal in diesem Haus war.

„Das Holz nennt man Nussbaumholz", erklärt Fabricius. „Es ist dasselbe, wie bei fast allen Möbeln im Haus. Sogar der Rand des weißen Sofas aus der Biedermeierzeit um die 1900 herum, ist aus Nussbaumholz."

Alea zieht beeindruckt die Mundwinkel nach unten. „Was du alles weißt. Find ich klasse."

Fabricius schmunzelt. „Du bist die Einzige in der Klasse, die mich nicht Streber nennt. Außerdem muss man doch wissen, was man ersteigert hat."

Über Aleas Gesicht huscht genau dieses Lächeln, welches Fabricius so sehr liebt. Sie dreht sich um und steigt eine der beiden Treppen nach oben.

Die Hausbibliothek ist übersichtlich. Die meisten derer Druckwerke sind verstaubte Romane, die der alte Goldgräber Jack Jones offensichtlich verschlungen hatte. Die beiden Kinder sind nicht allein, als sie die Bibliothek betreten. „Was machen Sie denn hier?", fragt Fabricius die Frau, die sein Opa einen Tag vor dessen Tod einstellte. Erschlagen und in einen Sack gesteckt, fand man ihn gestern in dem Kleiderschrank, den er für eine Kundin restaurieren sollte.

Die dreißigjährige Manuela Mattmüller schnellt erschreckt aus dem Sessel. Dabei fallen ihr nicht nur die schulterlangen, blonden Haare ins Gesicht, sondern auch noch etwas anderes auf den Boden. Alea bückt sich blitzschnell danach und übergibt es ungesehen an Fabricius.

„Was haben wir denn da?", fragt er in scharfem Ton. „Sind Sie deswegen ständig in der Bibliothek, seit Sie vor zwei Wochen zum ersten Mal zu uns gestoßen sind?" Gerade will er noch etwas hinzufügen, als ihm eine brillante Idee den Mund verschließt.

„Lass uns gehen, Alea. Hier stinkt es abscheulich. Und Sie verlassen ebenfalls die Bibliothek meiner Eltern, sonst rufe ich sie an. Sie sind nur ein paar Straßen weiter im Bestattungsinstitut."

Wortlos, aber mit einer mächtigen Wut im Bauch, verlässt Manuela Mattmüller das Zimmer zischt an den beiden Kindern vorbei und verschwindet im Glitzern des Flures. Wie alle übrigen Räume, abgesehen vom Badezimmer, sind die Wände mit weißen Tapeten geschmückt, deren Musterungen im Lichtschein golden funkeln.

Die beiden lassen etwa eine Stunde verstreichen, ehe sie sich aufmachen und Manuela in Opas Werkstatt aufsuchen. „Ah, Sie sind endlich dabei das zu tun, wofür Sie mein Opa eingestellt hat", bemerkt Fabricius schnippisch. Seine kesse, aber dennoch höfliche Art, gefällt Alea besonders gut. Manuela Mattmüller wirbelt ihren schlanken Körper herum und blickt mit katzengrünen Augen Fabricius todversprechend an.

„Sag mal, du kleines Gör. Was willst du überhaupt von mir?"

Fabricius lässt sich nicht provozieren und das will er auch nicht mit Manuela tun. Schließlich hat er einen Plan, den es gilt, jetzt auszuprobieren. „Meine Nerven, bitte entschuldigen Sie, Frau Mattmüller." Die zornige Miene der Blondine weicht einer Art Mitgefühl. Dies bleibt den beiden Kindern nicht verborgen.

Alea stößt ihren Freund in die Seite und sagt leise: „Jetzt geht's los." Fabricius schlendert ein paar Schritte vor, direkt auf die alte Kommode zu, die sein Großvater zu Restaurationszwecken ersteigert hatte.

„Glauben Sie, Sie könnten die Kommode fertig restaurieren?", fragt Fabricius und zieht dabei mitleiderregend die Augenbrauen hoch. „Sie gehörte meinem Opa. Er hätte sich sicher gefreut."

Manuela Mattmüller weiß genau, sie muss noch eine Weile bei den Falteisens bleiben, um an ihr Ziel zu gelangen. „Kann ich machen, kein Problem." Sie schaut sich die Kommode genauer an. „Sie scheint aus dem 18. Jahrhundert zu stammen. Eine Rarität." Sie fährt mit dem Zeigefinger über das Holz. „Reich an Verschnörkelungen und wunderschönen schneckenförmigen Abrundungen an den Ecken. Die Gesichter an den Kanten gefallen mir besonders. Die Marmorplatte ist ein wenig beschädigt, die kann ich reparieren. Sonst sehe ich auf die Schnelle nichts zu beanstanden."

„Gut", sagt Fabricius, „lassen Sie sich ruhig Zeit damit." Die Kinder verabschieden sich und rennen ins Haus. Um ungestört reden zu können, verkrümeln sie sich in Fabricius' Kinderzimmer.

„Und?", erkundigt sich Alea atemlos. „Was hat der Test ergeben?"

Fabricius schmeißt sich aufs Bett und lehnt sich an der glitzernden Wand an. „Er war sehr aufschlussreich. Sie ist ganz sicher keine Restaurateurin."

„Wie kommst du darauf, sag schon. Ich kenn mich da überhaupt nicht aus."

„Opa hat mir viel beigebracht. Zum Beispiel sagt kein Liebhaber und Restaurator: *Verschnörkelungen und wunderschöne schneckenförmige Abrundungen an den Ecken.*"

„Sondern?"

„Diese *schneckenförmigen Abrundungen* nennt man Voluten. Das sind spiralförmige Einrollungen an den Enden, wie man sie sehr gut beispielsweise am Leisthaus zu Hameln findet."

„Da war ich schon, das kenne ich. Und weiter?"

„Es sind auch keine *Verschnörkelungen*, sondern Rocailles, also Verzierungen, die sich von einer Volute zur anderen ziehen und verschiedenartige Muster aufweisen. An Opas Schränkchen sind es zum Beispiel die Griffe an den vier Schubladen, die eine Art Blumenmuster darstellen. Und die *Gesichter* an den Kanten der Kommode sind Bronze-Maskarons."

„*Maska*- was?", fragt Alea, der die Sinne schwirren.

Fabricius grinst. „Maskarons sind architektonische Menschen- oder Fratzengesichter. Zudem stammt das Schränkchen nicht aus dem 18. Jahrhundert, sondern aus dem 19. und aus Frankreich. Aber das ist auch egal. Wichtig ist, dass wir nun wissen, woran wir bei dieser Frau Mattmüller sind."

„Aber wie beweist das den Mord an Opa?"

Plötzlich steht Manuela Mattmüller im Zimmer. Noch bevor die beiden Kinder sich beschweren können, sagt sie mit tötendem Blick: „Nun wisst ihr ja, dass ich keine Restaurateurin bin. Ja, ich habe Walther Wickersheim wegen des Tagebuchs erschlagen. Ich bin Jack Jasons Enkelin fünfter Generation. Das Gold im Haus gehört mir."

„Das reicht uns", ertönt eine dunkle Stimme hinter ihr. Fabricius und Alea sind mächtig froh, die beiden Polizeibeamten zu sehen, die sie angerufen haben, bevor sie den Test mit Manuela in der Werkstatt durchführten.

Doch wo ist nun das Gold? Die beiden Kinder begleiten die Mörderin zum Streifenwagen. Die Mittagssonne schleicht hinter den Wolken hervor, wirft ihre Strahlen auf Fabricius' T-Shirt und lässt sein Rückenteil goldfarben glitzern.

Carmen Matthes, geboren 1971. Lebt glücklich verheiratet bei Heilbronn. Aufgrund des Asperger-Autismus mit Adhs war sie bereits mit vier Jahren dem Geschriebenen stark zugeneigt. Nach abgeschlossener Ausbildung kümmerte sie sich liebevoll um alte sowie körperlich und geistig beeinträchtigte Menschen. Sie hat verschiedene Veröffentlichungen in Anthologien und Zeitschriften. Ihre liebsten Krimis stammen von Agatha Christie, von der sie wirklich viele Werke besitzt.

Regina Schleheck

Kellerassi

Irgendwas war faul im Keller! Wir wohnten Parterre links, da hörte man ganz gut, was unter uns los war. Zumindest nachts. Nachts war normalerweise nichts los im Keller.

Aber jetzt war ich schon ein paar Mal nachts hoch geschreckt und hätte schwören können, dass ein Geräusch unten zu hören gewesen war. Wenn ich angestrengt hinhörte, blieb es ruhig. Da war höchstens ein kleines Rascheln, von dem man nicht wusste, ob man es sich nicht eingebildet hatte. Wenn es eines gibt, was ich niemals freiwillig täte, dann nachts herumzugeistern, geschweige denn in den Keller zu gehen!

Bis vor zwei Wochen habe ich mir mit Mats ein Zimmer geteilt, und er fand es total lustig, mich zu wecken, wenn ich gerade eingeschlafen war. Dann hat er auf einmal geschrien: „Pia, da ist ein Tier unter deinem Bett!" Mama musste dann kommen und mich auf den Arm nehmen. Und ich habe geschrien und mich geweigert, ins Bett zurückzugehen. Auch am nächsten Tag bin ich erst schlafen gegangen, wenn Mama jede Ecke im Zimmer untersucht hatte, ob da sicher nicht irgendetwas Lebendiges war. Wenn Mama mit Mats schimpfte, hat er geschworen: „Da war eine Kellerassel, ich hab sie deutlich gehört!"

Mama hat gesagt, er spinne, Kellerasseln kann man gar nicht hören, die seien so klein. Aber das hat es noch viel schlimmer gemacht. Mats hat mir eine ganze Handvoll Kellerasseln mitgebracht. Die sind da rumgewimmelt, und wenn er sie gestupst hat, haben sie sich eingerollt. Und dann hat er mir gezeigt, wie man sie totmacht: Er hat mit dem Fingernagel drauf gedrückt, dass es richtig geknackt hat – total widerlich!

Als Mats mit Beginn der Ferien sein eigenes Zimmer bekam, war ich eigentlich froh. Aber ein bisschen war es auch schrecklich, so ganz alleine zu sein, vor allem nachts. Ich hatte mich gerade seit ein paar Tagen daran gewöhnt, als das mit den nächtlichen Geräuschen losging.

Als ich Mama davon erzählte, verdrehte sie die Augen. „Pia, du glaubst doch nicht im Ernst, dass ich jetzt nachts mit dir auf Asseljagd in den Keller gehe!" Mats konnte ich schon gar nicht um Hilfe bitten. Also habe ich nachmittags bei der alten Frau Lübbe geklingelt, die bei uns gegenüber wohnt.

„Komm rein, Piachen", strahlte sie, „du warst ja lange nicht mehr hier! Genießt du denn die Ferien? Magst du einen Kakao?"

Während ich bei ihr in der Küche saß, habe ich ihr von den nächtlichen Geräuschen erzählt. Da wurde sie ganz aufgeregt: „Du hast es also auch gehört!", hat sie gerufen, „und ich hab schon gedacht, ich alte Frau werde plemplem!" Und dann sagte sie noch: „Ich würde mich doch nie trauen, nachts alleine in den Keller zu gehen und nachzugucken!"

Da war jedenfalls klar, dass ich nicht bekloppt war und Frau Lübbe genauso wenig. Wir haben uns dann gemeinsam einen Plan ausgedacht.

Am nächsten Abend habe ich mir eine Taschenlampe unters Kopfkissen geschoben. Das war ziemlich ungemütlich, aber trotzdem bin ich wohl irgendwann eingeschlafen. Als im Keller das Schlurfen erklang, schoss ich wie eine Rakete aus dem Bett. Ich schlich mit der Taschenlampe durch den Flur, auf Zehenspitzen zur Wohnungstür raus und klopfte vorsichtig gegenüber an die Tür.

Frau Lübbe hatte schon auf mich gewartet. Sie hatte es also genauso gehört! Sie nahm ihren Stock, und ich wechselte die Taschenlampe schnell in die Linke, damit ich ihre Hand halten konnte. Wir schlichen zur Kellertür, pressten unsere Ohren daran und lauschten. Das Rascheln und Scharren war deutlich zu hören. Und dann rülpste jemand laut. Wir guckten uns an und Frau Lübbe flüsterte: „Ich zähle jetzt bis drei, dann reißt du die Tür auf, ich mache Licht an, und dann schreien wir beide: *Halt, Polizei!*"

So ungefähr haben wir es dann gemacht. Sie hat bis drei gezählt, ich habe die Tür aufgerissen, aber so heftig, dass ich sie der alten Lübbe vor den Kopf gehauen habe. Während ich schnell selber das Licht angemacht habe, hat Frau Lübbe laut „Au!" geschrien.

Die Treppe lag jetzt hell beleuchtet vor uns, vom Kellergang sah man noch ein bisschen, aber mehr konnten wir nicht erkennen. Es war totenstill. „Halt, Polizei!", rief ich schließlich, aber es klang sehr piepsig. Die alte Frau Lübbe rappelte sich auf.

„Kommen Sie mit hoch erhobenen Händen heraus!", rief sie mit dünner Stimme die Stufen hinunter und hob drohend den Stock, als wollte sie den Angreifer auf der Stelle aufspießen.

Nach einer langen Weile hörten wir wieder etwas schlurfen. Es kam langsam näher! Erst sahen wir einen Fuß in einem groben Schnürstiefel, der sich vortastete, dann kam sein Besitzer hinterher, vielmehr seine Besitzerin – eine alte Frau! Sie trug eine zerrissene Trainingshose, darüber einen Rock, einen Pulli, eine Strickjacke und eine ziemlich dreckige und löchrige Trainingsjacke. Die grauen langen Haare waren zu einem total zerzausten Knoten gebunden.

Frau Lübbe zielte mit dem Stock auf sie: „Was machen Sie in unserem Keller?", rief sie streng.

„Ich hab was Trockenes zum Schlafen gesucht", sagte die Alte, „was dagegen?" Das war schon ein bisschen frech, und das hat Frau Lübbe ihr auch gleich gesagt. Dann hat sie ihr noch einiges anderes gesagt: Was für eine Unverschämtheit das sei, einfach in fremder Leute Häuser einzubrechen und friedliche Bürger im Schlaf zu behelligen und zu Tode zu erschrecken. Die alte Frau am Fuße der Treppe ist ganz kleinlaut geworden, sie hat nur einmal eingeworfen: „Aber das Kellerfenster stand doch offen!"

„Da stand aber nirgends dran, dass Sie reinkommen sollen!", hat Frau Lübbe böse geantwortet. Die Alte hat schließlich ganz zerknirscht geguckt und gesagt, es täte ihr leid, aber sie hätte eben keine Unterkunft, wo sie denn hin sollte? Da hat Frau Lübbe gesagt: „Nu kommen Sie mal rauf. Nach all der Aufregung können wir erst mal einen Kakao gebrauchen!"

Wir haben dann tatsächlich bei Frau Lübbe nachts um halb eins in der Küche gesessen und Kakao getrunken! Die Frau hat erzählt, dass sie Anna Krause heißt und seit zwei Jahren auf der Straße lebt, weil sie ihre Arbeit verloren hat und keine Rente kriegt und der Vermieter sie rausgeschmissen hat, weil sie die Miete nicht zahlen konnte. Das klang alles so schrecklich, aber mir sind trotzdem vor Müdigkeit fast die Augen zugefallen.

Da hat Frau Lübbe schließlich gesagt: „Wissen Sie was, Frau Krause, in meinem Keller ist eine alte Matratze, und eine Decke gebe ich Ihnen auch. Für heute können Sie da schlafen. Aber morgen müssen Sie sich was anderes suchen!"

Ich war ganz froh, dass alles gut gegangen war, und ich mich wieder in unsere Wohnung und ins Bett schleichen konnte. Mats würde Augen machen, wenn ich ihm das alles erzählte!

Ich hab geschlafen wie ein Stein.

Am anderen Morgen ist Mats in mein Zimmer gestürmt: „He, Pennerin! Du hast was verpasst!"

Ich hatte die Augen noch nicht ganz auf, als er weiterbrüllte, es sei jemand in den Keller eingebrochen. Der Dieb hätte ein Schloss geknackt und schon einige Wertsachen ausgeräumt und eingepackt, als er gestört worden sei.

„Was?", fragte ich, denn jetzt fiel mir alles wieder ein und ich war total verwirrt. Hatte Frau Krause uns an der Nase herumgeführt? Mats tat, als hätte er den Dieb persönlich zur Strecke gebracht: Es hätte einen Kampf gegeben, da wäre noch jemand im Keller gewesen, eine Frau, so eine Assi. „Was?", habe ich wieder gefragt.

„Eine Asoziale", hat Mats geschrien. Der Dieb wäre abgehauen, aber die Pennerin hätte seine Jacke festgehalten mit allen Papieren drin. Die Frau Lübbe hätte die Polizei gerufen und die sei gleich gekommen und dem Mann hinterher. Sie hätten ihn auch schon verhaftet.

„Was ist mit der Frau?", unterbrach ich ihn.

„Wer? Die Assi?", schnaubte er. Die sei bei Frau Lübbe, aber die Polizei würde sie wohl nachher abholen.

Ich habe ihn stehen gelassen.

Frau Lübbe hat mich gleich reingewinkt. Am Tisch saß, frisch gebadet und in sauberen Kleidern, eine Tasse Kaffee vor sich, Frau Krause und strahlte, als Frau Lübbe sagte: „Hast du es schon gehört, Pia? Unsere Frau Krause ist wirklich ein Ass!"

Regina Schleheck, *geboren 1959, ist hauptberuflich als Oberstudienrätin an einem Kölner Berufskolleg tätig, nebenberuflich an Erwachsenenbildungsstätten. Seit 1999 schreibt sie in erster Linie Kurzprosa und Hörspiele, aber auch Drehbücher, Erzählungen, Theaterstücke. Sie hat viele Kurzgeschichten und einige Hörspiele veröffentlicht, von denen nicht wenige mit Preisen ausgezeichnet wurden.*

Lars Buchmann

Corvus und der Ring des Hannibal

Der Junge mit den rabenschwarzen Haaren blickte entsetzt auf die karthagischen Soldaten, die auf seinen Vater einschlugen. Ohnmächtig vor Wut, ballte er die Fäuste und hätte sich am liebsten auf die Krieger gestürzt, doch seine Mutter hielt ihn zurück.

Am Morgen waren am Horizont auf einmal riesige, graue Ungetüme aufgetaucht, begleitet von einem gewaltigen Heer. Reiter waren in ihr Dorf galoppiert, gefolgt von den Fußtruppen. Dann kamen auch die schwer stapfenden Kolosse. Corvus hatte noch niemals solch Furcht einflößende Tiere gesehen. Die gewaltigen Stoßzähne, die Rüssel mit denen sie laut trompeteten, all das war faszinierend und neu für den Jungen.

Das ganze Dorf war auf den Beinen und man tauschte und handelte mit den Soldaten. Essen wurde feilgeboten und Gerüchte machten die Runde. Die Dorfjungen schnappten begierig jede noch so kleine Information über die Ungetüme auf, die man Elefanten nannte.

Der Anführer der Karthager hieß Hannibal und er kam in die Hütte, in der Corvus mit seiner Familie lebte. Bis sein Zelt aufgebaut wurde, wollte er hier ein wenig ausruhen. Mit fünfzigtausend Mann und siebenunddreißig Kriegselefanten war er über die Alpen gezogen.

„Gebt mir diesen Korb dort mit den Äpfeln." Er deutete auf ein kleines Behältnis, in dem einige runzlige, verschrumpelte Früchte lagen. Als der Krieger das Zögern der Frau sah, legte er einige Münzen auf den Tisch.

„Ich hätte sie gerne für Suru, meinen Elefanten", erklärte er ihnen lächelnd. „Er kommt aus einem Land weit im Osten."

„Und wohin wollt ihr?", konnte Corvus seine Neugierde nicht länger bezähmen. „Nach Rom etwa?"

Hannibal sah den Jungen nachdenklich an.

„Die Götter werden mir meinen Weg weisen."

„Und warum habt ihr die Elefanten mitgebracht?"

„Weil sie Furcht einflößend sind in der Schlacht", meinte der Mann aus Karthago lachend. Dann erhob er sich, nahm den Korb und ging vor die Tür der kleinen Hütte. Corvus folgte ihm. Auf einen Wink Hannibals näherte sich eines der großen, grauen Tiere. Ein wenig ängstlich, aber keinen Schritt weichend, blieb der Junge stehen, während der Elefant, gelenkt von einem Mann hoch oben auf dem Rücken des Tieres, sie erreichte.

Hannibal streckte liebevoll seine Hand aus, in der er einige der kleinen Äpfel hielt. Der Rüssel des Kriegselefanten glitt tastend darüber. Er kaute voller Behagen. Dann fischte er die restlichen Früchte aus dem Korb. Corvus sah staunend, wie furchtlos Hannibal dem Elefanten begütigend auf seine dicke, ledrige Haut klopfte.

Während der Krieger zu seinen Männern ging, gesellte sich Corvus zu seinen Freunden, die noch immer die Elefanten beobachteten. Deren Treiber fütterten sie gerade mit dem Heu, dass von einer gewaltigen Anzahl Lastochsen herbeigeschleppt worden war.

Als die Familie um den Mittagstisch saß, wurde plötzlich die Tür der Hütte aufgerissen und zornige Soldaten stürzten herein. Sie packten Corvus' Vater und begannen, die Hütte zu durchsuchen. Immer wieder schlugen sie auf ihn ein und fragten wütend, wo der kostbare Siegelring ihres Anführers sei. Das letzte Mal hätte Hannibal ihn hier gehabt und jetzt wäre er plötzlich verschwunden.

Alle schauten die Krieger voller Angst an. Niemand hatte den Ring gesehen oder konnte sich vorstellen, wo er sein könnte. Doch die Unschuldsbeteuerungen halfen nicht. Sie führten den Vater ab. Corvus, seine Mutter und die kleineren Geschwister liefen flehend neben den Soldaten her. Hannibal betrachtete nachdenklich den Mann, der von zwei Wachen gehalten, vor ihm stand. Dahinter drängte sich die Familie, deren Äpfel er für Suru gekauft hatte. Der karthagische Heerführer überlegte lange.

„Habt ihr etwas in der Hütte gefunden?", fragte er seine Soldaten. Diese schüttelten den Kopf. „Dann seht noch einmal nach, aber gründlich. Irgendwo muss mein Ring sein. Der Familie sei es erlaubt, auch zu suchen. Es bleibt Zeit, bis die Sonne untergeht. Ist er bis dahin nicht gefunden, wird dieser Mann sterben."

Hannibal sah den Schrecken in den Augen des Jungen. Doch er konnte nicht anders handeln. Vielleicht würde der Ring ja doch noch rechtzeitig gefunden werden. Darauf hoffend, verschwand er in seinem mittlerweile aufgestellten Zelt. Die Familie tat ihm leid, aber es lag von nun an in den Händen der Götter. Corvus war fassungslos. „Sie dürfen Vater nicht töten!", schrie er verzweifelt.

„Sie werden es tun, mein Sohn, wenn wir den Ring nicht finden. Bist du dir ganz sicher, dass du ihn nicht gesehen hast?", fragte seine Mutter.

„Ich wusste noch nicht einmal, dass dieser Hannibal einen Ring trägt", meinte Corvus.

„Ob du vielleicht deine Freunde holen könntest? Vielleicht helfen sie uns ja beim Suchen? Ihr seit gewitzt und habt schon so manches Rätsel im Dorf gelöst. Dieses Mal geht es jedoch um viel, viel mehr. Das Leben deines Vaters steht auf dem Spiel." Sorgenvoll strich sie über das Haar ihres Sohnes.

„Du kannst dich auf uns verlassen, Mutter. Wir werden diesen Ring finden, egal wo er auch sein mag."

Mit neu erwachtem Mut lief Corvus hinüber zu den Elefanten. Hastig berichtete er seinen Freunden dort, was geschehen war und bat sie, ihm bei der Suche nach dem Ring zu helfen. Mit einem Male waren die grauen Ungetüme vergessen. Gemeinsam rannten die Jungen zur Hütte von Corvus' Familie. Überall wurde gesucht. Jeder Flecken genau betrachtet und unter jedes heruntergefallene Blatt geschaut.

Doch nach einigen Stunden Suche setzten sich die Jungs erschöpft und verzweifelt hinter die Hütte. Wo war nur dieser Ring?

Calix rückte plötzlich von Gaius, einem kleinen, rundlichen Jungen ab, der zu den besten Freunden von Corvus gehörte. „Sag mal warum stinkst du denn so?"

Gaius machte ein beleidigtes Gesicht. „Ich stinke gar nicht. Das sind meine Murmeln. Unsere Kuh hatte sie gefressen und na ja, ich habe noch keine Zeit gehabt, sie abzuwaschen, nachdem sie wieder hervorgekommen sind. Da waren doch auf einmal die Elefanten."

„Puuuh, das riecht aber ziemlich heftig nach Kuhkacke." Calix wedelte sich theatralisch vor der Nase herum. Auf einmal erstarrte Corvus. Sollte das des Rätsels Lösung sein? Ohne ein Wort zu sagen, sprang er auf und lief den Hügel hinab zu den Elefanten. Seine Freunde schauten sich verblüfft an und rannten dann hinter ihrem Anführer hinterher.

Atemlos keuchend kam Corvus bei den Dickhäutern an. Hastig sprach er mit den Treibern und fragte sich durch, bis er bei Suru angelangt war. Dessen Mahoud, wie sich der Mann nannte, der vorhin auf dem Elefanten gesessen hatte, lachte laut auf, als Corvus ihm, nach Luft ringend, eine Frage stellte.

„Na von mir aus gerne. Du hast Glück, dass noch niemand seinen Dunghaufen weggemacht hat. Bitte, nur zu, wenn Du gerne darin wühlen möchtest."

Angstvoll schaute Corvus zum Horizont, wo die Sonne unterzugehen begann und machte sich an die übel riechende Aufgabe. Seine Freunde sahen ihm mit offenen Mündern bei dem, was er tat, zu. War ihr Freund etwa verrückt geworden? Auf den Knien wühlte er mit seinen Händen in den Exkrementen des Elefanten.

Und dann, mit einem Aufschrei reckte Corvus triumphierend etwas Glänzendes in die Luft. Der Ring des Hannibal! So schnell ihn seine Füße tragen konnten, lief er zum Zelt des Heerführers. Laut schreiend forderte er die Wachen auf, ihn durchzulassen. Die weigerten sich zwar, doch Hannibal hatte die Stimme des Jungen gehört und kam eilig aus seinem Zelt.

Verblüfft schaute er den über und über mit Dreck beschmierten, stinkenden Jungen an, der ihm strahlend den Ring entgegenstreckte. Daran klebte noch immer etwas Elefantendung. „Suru war der Dieb!", rief Corvus aus.

Hannibal nahm den Siegelring und befahl, sofort den Vater des Jungen freizulassen. Als Entschädigung zahlte er der Familie einige Münzen und entschuldigte sich.

Am nächsten Tag zog das Heer der Karthager weiter und Corvus schaute ihnen nach, während sein Vater ihm stolz die Hand auf die Schulter legte.

Lars Buchmann, geboren 1974, Student der Rechtswissenschaften. In seiner Freizeit schreibt er mit großer Begeisterung Geschichten und arbeitet gerade an einem Romanprojekt. Er liest sehr gerne und interessiert sich für Kunst, Theater, Literatur und Geschichte. Einige meiner Kurzgeschichten wurden bereits veröffentlicht. Zu seinen Lieblingskrimis gehören die Bücher von Michael Connelly, Steve Hamilton und Paul Doherty.

Silke Walkstein

Das verschwundene Manuskript

Die Kinder schlenderten neugierig durch die Regalreihen der Bibliothek.

„Und hier findet ihr Bücher, wie *Harry Potter* oder *Die unendliche Geschichte*."

„Und dort hinten sind die Krimis." Tobias war schon lange Mitglied der Bibliothek und lieh sich regelmäßig Bücher aus.

„Stimmt genau." Frau Binning, die Bibliothekarin, nickte. Sie mochte den aufgeweckten Jungen, der nicht genug von Büchern bekommen konnte. Wenn doch nur mehr Kinder so viel Spaß am Lesen hätten. Damals war sie sofort einverstanden, als Tobias ihr den Vorschlag mit der Lesenacht unterbreitet hatte. Das wäre superaufregend. Er selbst hätte schon mal an so etwas teilgenommen. Auch seine Mitschüler und Frau Speckstein, die Lehrerin, stimmten zu, an einem Freitag in der Bücherei zu übernachten. Nur Manuela war dagegen. Sie meinte, dass das doch viel zu gefährlich sei, so ohne Eltern. Manuela war eben ein Angsthase.

Es klapperte laut und blechern. „Was war das?" Manu machte große Augen und sah sich ängstlich um.

„Mensch, Manu." Conny, ihre Freundin, schnaufte leicht genervt. „Ein Gespenst kann es ja wohl um diese Zeit noch nicht sein."

Die Kinder lachten. Manuela war gekränkt. Dann kreischte, pfiff und zischte es laut. Das Geräusch war unheimlich. Manuela schrie auf.

„Das war ich." Die Kinder fuhren herum.

An der Heizung, hinter dem Regal, vor dem sie gerade standen, kniete ein Handwerker. Keiner hatte ihn bisher bemerkt. Den Schirm seines Basecaps hatte er nach hinten gedreht und an den Ohren trug er jeweils einen großen Ohrring, so wie es Tobias schon einmal bei Motorradrockern gesehen hatte.

„Cool", entfuhr es ihm. Der Handwerker grinste und wandte sich wieder seiner Arbeit zu.

„Wisst ihr, die Bibliothek ist ein sehr altes Gebäude, das vor über einhundert Jahren gebaut wurde. Da kommt es schon einmal vor, dass Dielen knarren oder eben die Heizung beginnt, zu klappern und zu pfeifen." Frau Binning seufzte. „Bisher fehlte das Geld, die wichtigsten Reparaturen durchführen zu lassen." Plötzlich grinste sie und winkte die Kinder dichter zu sich heran. „Doch plötzlich kam uns der Zufall zu Hilfe."

„Das Manuskript von Karl May." Tobias platzte beinahe vor Stolz über sein Wissen.

„Genau." Frau Binning nickte. „Vielleicht kennt der eine oder andere von euch Opa Wiemeyer. In seinem Besitz befand sich ein handgeschriebenes Manuskript aus dem Jahre achtzehnhundertdreiundachtzig von Karl May. Damals hatte der Schriftsteller, der euch sicherlich bekannt ist, noch in einem Regensburger Verlag Reiseerzählungen veröffentlicht. Aus welchem Grund auch immer konnte er eine wohl nicht abliefern. Diese Geschichte geriet in Vergessenheit und kam so durch Zufall in den Besitz der Familie von Opa Wiemeyer", sagte Frau Binning und machte eine Pause, um übers ganze Gesicht zu strahlen.

„Und stellt euch vor," fuhr sie aufgeregt fort. „Er schenkte der Bibliothek das Manuskript, weil er von dem maroden Zustand des Gebäudes wusste. Darauf hin bot ich der Karl-May-Gesellschaft das Manuskript an, die dafür sehr viel Geld bezahlen will. Einen kleinen Vorschuss gab es schon und mit diesem kann ich nun die Handwerker bezahlen, die die Heizungen im Gebäude reparieren. Nächste Woche Mittwoch kommt dann ein Mitglied der Gesellschaft und holt das Schriftstück ab."

„Und wo ist es?" Hannes, ein sommersprossiger Rothaariger sah sich suchend um.

„In der zweiten Etage. Es liegt in einer Vitrine. Wenn ihr wollt, zeige ich es euch." Und ob die Kinder das wollten. Ein handgeschriebenes Manuskript von Karl May, Wahnsinn. Sie stürzten die Treppen hinauf. Frau Binning war sichtlich stolz auf den kleinen Schatz, der sich, wenn auch nicht für lange, in ihrer Obhut befand.

„So, die Heizung geht jetzt wieder." Der Handwerker mit dem Basecap stand in der Tür und sah auf die Kinder, die sich staunend um die kleine Vitrine drängten.

„Super!" Frau Binning lächelte dem jungen Mann zu.

„Ich schicke Ihnen dann die Rechnung", brummte dieser und verschwand.

Während die Kinder versuchten, die alte Schrift des Manuskriptes zu entziffern, besprachen Frau Binning und Frau Speckstein den weiteren Ablauf der Nacht. Mit einem Blick auf die Uhr meinte Frau Binning dann: „So, Kinder. Ich bin dafür, dass ihr jetzt eure Luftmatratzen aufpustet, während ich alle Türen abschließe. Sofort stürmten die Kinder die Treppen in den ersten Stock hinunter. Endlich ging sie los, die Lesenacht.

Es war Mucksmäuschen still. Atemlos lauschten die Kinder den Worten von Frau Binning. Mit verstellter, geisterhaft klingender Stimme las sie eine gruselige Geschichte vor. Manu rutschte näher an Tobias und Conny heran.

„Ist das gruselig", hauchte sie den beiden Freunden zu, die bewegungslos auf ihren Luftmatratzen saßen.

„Oller Schisshase", kicherte Conny.

„Gar nicht wahr." Manuela schmollte. Aber auch sie war bald gefesselt von den Geschichten und Gänsehaut kroch ihr, wie den anderen Kindern, über den Rücken. Es war spät in der Nacht, als Frau Binning das Buch zuklappte.

„Hast du das gehört?" Manuela zupfte am Ärmel von Conny, die leise schnarchte.

„Lass mich", murmelte diese verschlafen.

„Da ist jemand."

„Ja, Caspar, der Geist." Conny wollte sich umdrehen, doch Manuela hielt sie fest. „Manu, du nervst."

„Aber da ist wirklich jemand", beharrte Manuela. Jetzt hatte auch Conny etwas gehört. Schlagartig war sie munter und setzte sich auf. In der zweiten Etage knarrte es. Und da, noch einmal. Conny weckte Tobias.

„Vielleicht ist es Frau Binning, die einen Rundgang macht", überlegte er.

„Die liegt dort drüben und schläft. Wir sollten sie wecken." Manuela wollte sich gerade erheben, als Conny sie festhielt.

„Lass sie schlafen. Du weißt doch, es kann das Holz sein, das knarrt, weil es so alt ist."

„Wir sollten nachsehen." Tobias griff nach seiner Taschenlampe und stand auf.

„Wir sollten Frau Speckstein wecken", widersprach Manuela.

„Quatsch!" Auch Conny erhob sich. „Sehen wir einfach nach." Sie reichte Manuela die Hand. Resigniert gab die auf.

„Geht an der Wand entlang. Da knarren die Treppen nicht." Tobias machte es vor. Er kannte sich ja aus. Gemeinsam schlichen die Kinder in den zweiten Stock.

„Habt ihr das gehört?"

„Das kam von dort drüben." Der Lichtkegel von Tobias' Taschenlampe wanderte an den Bücherregalen entlang. Etwas Weißes huschte an ihnen vorbei.

„Es hat mich berührt", flüsterte Conny entsetzt.

„Lasst uns Frau Speckstein holen", bettelte Manuela.

„Es ist die Treppe zum Dach hinauf." Tobias eilte los.

„Tobias!" Die Mädchen hasteten ihm hinterher und hielten ihn fest. Plötzlich flog irgendwo eine Tür ins Schloss und ein Schrei gellte durch die Nacht.

Am nächsten Montag wollte Tobias nach der Schule wieder Bücher ausleihen. Er wunderte sich über den Fremden, der mit Frau Binning sprach und danach zu einem anderen Unbekannten ging.

„Das Manuskript von Karl May ist gestohlen worden", berichtete Frau Binning Tobias. „Die Polizei ermittelt schon den ganzen Tag. Seltsamerweise wurden keine Einbruchspuren gefunden." Sie schüttelte den Kopf. „Ich weiß nicht, wie ich dass dem Mitarbeiter der Karl-May-Gesellschaft erklären soll."

„Was ist eigentlich mit dem Gespenst von Freitagnacht?"

Verwirrt sah Frau Binning Tobias an. „Ach, Tobi. Da ist wohl eure Fantasie mit euch durchgegangen."

„Darf ich mir trotzdem noch *Der Ölprinz* ausleihen?"

„Versprich mir, dass du die Ermittler nicht störst."

Tobias nickte und verschwand. Unbemerkt schlich er zum Dachboden hinauf. In der kleinen Dachluke klemmte ein weißes Tuch, eine Tischdecke. Sie war zerrissen und an einer Stelle beschmutzt. Tobias sah sich die Flecken genauer an. Plötzlich fiel ein Ohrring zu Boden. Tobias hob ihn auf. Er erkannte ihn sofort. Jetzt wusste Tobias, wer das Gespenst und somit der Dieb gewesen war.

„Nanu, Sie wollten doch die Rechnung schicken?" Der Handwerker mit dem Basecap kratzte sich verlegen hinter dem Ohr. Ein großes Pflaster klebte dort.

„Ich muss eines meiner Werkzeuge am Freitag vergessen haben."

„Lassen Sie den Herrn ruhig näher treten. Er wird uns eine Menge erklären müssen."
Der Kommissar hielt in einer kleinen Tüte einen Ohrring. Der Dieb erkannte, dass eine Flucht zwecklos war. Die Handschellen klickten und Tobias erklärte Frau Binning alles.

Silke Walkstein, geboren 1965 in Schwedt, ist beruflich selbstständig. Für Interessierte verfasst sie Biografien und Familienchroniken. In ihrer Freizeit schreibt sie sehr gerne Kurzgeschichten. Einige ihrer Erzählungen sind bereits veröffentlicht worden und bei der Storyolympiade 2010 belegte sie den dritten Platz. Zu ihren liebsten Krimis gehören die Bücher von Sabine Thießler und Michael Robotham.

Irene-Maria Seimann

Wo ist Hummel Bummel?

Mondlicht schimmerte durch die knorrigen, alten Buchen und Eichen des Nussbaumwaldes. Aus dem Dachsbau drangen knarrende und knatternde Schnarchgeräusche. In der Art wie *chzzzzzzzz-grr ... ggrrrr-chz chz ... dadadadchz*. Frau Mond, neugierig, wie sie nun einmal seit Tausenden von Jahren war, heute noch ist und immer sein wird, blickte durchs Fenster. Ein pelziges Tier in grün-schwarz karierter Bourberry- Jacke war der Verursacher der wilden Laute. Eine braune Pfeife hing dem Pelzigen schräg aus dem Mund, während er im weichen Ohrensessel vor sich herschnarchte.

Im Zimmer roch es nach Honigtabak. Unzählige Bücher stapelten sich zu schiefen Türmen, noch schieferen Beinahe-Wolkenkratzern und in den Regalen. Frau Mond rückte ein Stück näher und las: Agatha Christi, *Sherlock Holmes*, *Die Knickerbockerbande*, *Erich und die Detektive*, *Tom Turbo*.

„Oh", dachte sie „Der Geselle mit dem drahtigen Fell liest gerne Detektivgeschichten." Wildes Klopfen riss sie aus ihren Gedanken. Ein noch pelzigeres Tier mit langen Löffelohren, Stummelschwanz und anscheinend sehr schlechten, rüpelhaften Manieren hämmerte ungeduldig gegen die Haustüre des Bücherliebhabers. Schnell zog sich Frau Mond zurück und leuchtete wieder durch die knorrigen, alten Buchen und Eichen des Nussbaumwaldes.

Darling Dachs (so hieß der Bücherwurm – Da*rling, so* hatte ihn seine Mutter getauft. Sie war furchtbar stolz darauf. Darling Dachs weniger, wie du dir vielleicht vorstellen kannst.) Also Darling Dachs träumte während der Klopfattacke, dass er einen Räuber heldenhaft verfolgt und dingfest gemacht hatte. Gerade als der Polizeipräsident und die Königin ihm den wohlverdienten güldenen Orden an die Brust heften wollten – donnerte es und noch einmal ... und Darling Dachs fuhr aus dem Ohrensessel hoch, spuckte die Pfeife im hohen Bogen in seine Teetasse und blickte nervös um sich.

Das Dachsfell stand ihm zu Berge. Oh das war kein Donner. Da klopfte ein ungezogener irgendwer, wie von 1000 Bienen in das Hinterteil gestochen, an seine Haustüre. „Na warte!" brummte Darling Dachs, während er in seine braun karierten Schlapfen schlüpfte. „Dir werd ich's zeigen!" Schnell noch die runde Brille aufgesetzt, die Pfeife aus der Teetasse geholt, in den Mund gesteckt und *schwups* durch den Türspion geblickt.

Zwei weiße große Löffelohren bewegten sich unruhig hin und her. „Heiliges Kanonenrohr". Heinrich Holger, Henry Hase, von allen HHH-Hase genannt, war dieser unanständige Geselle. Darling Dachs riss die Türe auf, nachdem er sechs Sicherheitsschlösser entriegelt hatte, holte tief Luft und brüllte: „HHH-Hase bist du vollkommen übergeschnappt? Weswegen holst du mich des nächtens aus meinem Bett, äh Ohrensessel?"

Der HHH-Hase kümmerte sich nicht um das Geschrei. Mit drei schnellen Hüpfern war er auch schon im Bücherzimmer. Darling Dachs stapfte grantig hinterher. Der HHH-Hase saß bereits im Ohrensessel. Seine Hoppelpfoten klopften unruhig auf den davorliegenden Teppich.

Klopf – Tipp – Klopf.

Darling Dachs knurrte: „Nun gut – jetzt bist du hier. Was willst du?" Die Ohren des Hasentieres hingen schlaff herab, als der HHH-Hase schluchzend erzählte: „Gestern war ich mit meinem aller liebsten Freund Hummel Bummel zum Picknick verabredet. Auf der Wiesenschön Wiese."

„Ja und was ist daran so aufregend, dass du mich mitten in der Nacht störst?", brummte Darling Dachs.

„Er ist nicht gekommen! Ich habe gewartet und gewartet. Nach drei Stunden bin ich zu Hummel Bummels Haus, da war er auch nicht. Er ist verschwunden!"

Darling Dachs erkannte, dass er hier als Detektiv gefragt war. Er entspannte sich sofort, zündete sich seine Pfeife an und rückte seine grün-weiß karierte Kappe zurecht. Andächtig setzte der Dachs sich hinter seinen großen Eichenschreibtisch. Schlug sein Notizbüchlein auf und zeigt mit der Schreibfeder in Richtung HHH-Hase. „Du beantwortest jede meiner Fragen mit unbedingter Genauigkeit! Und hör auf zu zappeln und zu klopfen!"

Der Hase nickte eifrig.

„War außer dir noch jemand auf der Wiesenschön Wiese?" Der HHH-Hase runzelte die Stirn und dachte angestrengt nach.

„Nein!" Darling Dachs klopfte bedächtig seine Pfeife ab und meinte nur: „Gib dir Mühe!"

„Na ja", der Hase schrie fast. „Da war die Hilda, ja genau!"

„Oh! Hilda Kreuzspinne also", erwiderte der Dachs „Wir werden sie Morgen verhören! HHH-Hase könnte nicht die Möglichkeit bestehen, dass Hummel Bummel auf Urlaub ist? Oder dass er einfach wieder einmal zu viel gefressen hat und eine Hummelhinternentschlackungskur macht?"

„Nein ausgeschlossen, das würde ich wissen!", sinnierte der HHH-Hase.

„Du hoppelst jetzt in deinen Hasenbau. Ich hole dich morgen um acht Uhr – pünktlich – ab!" bestimmte Darling Dachs. Der HHH-Hase willigte ein. Als der Dachs alleine war stieg er auf seine Bücherleiter und holte aus dem letzten staubigen Winkel ein altes Buch hervor. Auf dem Buchrücken stand: *Kreuzspinnen und ihre tödlichen Netze.*

Als der Morgen anbrach, hatte er das Buch ausgelesen und machte sich sogleich auf zum Hasenbau. Der HHH-Hase stand schon vor der Hasenbaueingangstüre. Gemeinsam kamen sie an der Wiesenschön Wiese an. Darling Dachs stopfte seine Pfeife und lies seinen Detektivblick umherschweifen. Da, ganz hinten bei den Apfelbäumen leuchtete ein riesiges Kreuzspinnennetz hinter den knorrigen Ästen hervor. Die beiden versteckten sich hinter einem Ginsterbusch und warteten.

Nach einiger Zeit kam sie – Hilda Kreuzspinne. Sie seilte sich an einem Silberfaden direkt zu unseren beiden Detektiven herab. „Na ihr zwei, was sucht ihr denn im Gebüsch?", spöttelte die Spinnendame. Verlegen kratzte sich Darling Dachs an seinem drahtigen Fell. Der HHH-Hase war keinesfalls verlegen, fuhr seinen Zeigefinger aus und zeigte damit auf Hilda, dazu brüllte er: „Du, du hast meinen Freund Hummel Bummel gefressen – gib's zu, du hast ihn in dein Netz gelockt und dann vermampft!"

Darling Dachs korrigierte: „Nicht gefressen, sondern ausgesaugt mein lieber HHH-Hase."

Daraufhin brach das arme Löffeltier in Tränen aus.

„Hört auf ihr zwei! Ich habe keinen Hummel Bummel ausgesaugt, denke ich", grübelte Hilda.

„Du hast ihn ermordet! Du dürres Spinnenbein!", schimpfte der HHH-Hase. Hilda Kreuzspinne erwiderte gelassen: „Ei, ei, Hasentier! Jetzt hör mir mal genau zu! Es liegt in meiner Natur, mein Netz auszuwerfen. Ich bin eine Spinne, keine Mörderin!" so ging das eine ewige Zeit noch hin und her und her und hin. Bis es Darling Dachs zu viel wurde und er eingriff: „Der Richter Uhu Eule soll entscheiden! Hilda du kommst jetzt mit!"

„Ha", erwiderte die Spinnendame „Das glaubst du wohl selber nicht!" Als sich der HHH-Hase schon auf Hilda stürzen wollte, hörte er ein Kichern und Singen. Er drehte sich um und sah ...

Auch der Dachs drehte sich um und sah ...

Auch Hilda drehte sich um und sah ...

Hummel Bummel Hand in Hand mit Bienella Wunderschön durch die Wiesenschön Wiese stapfen.

„Na da sieh sich das Mal einer an! Mich beschuldigen ich hätte den dicken Hummelbummel ausgesaugt und dann geht der doch glatt mit dieser flotten Biene herum. Ihr seid ja alle verrückt!", Hilda sprachs und seilte sich ab.

Der HHH-Hase stürmte in hohen Hoppelsätzen auf die Beiden zu. „Wo warst du?", fuhr er Hummel Bummel an. Der strahlte, sogar seine Hummelstreifen strahlten mit.

„Wir haben in Wald Vegas geheiratet", erzählte Hummel Bummel stolz. Darling Dachs seufzte. Der HHH-Hase murmelte gekränkt: „Und ich war nicht einmal eingeladen!" Traurig lies er seine Hasenohren hängen. Bienella Wiesenschön hauchte einen Kuss auf die Nase des HHH-Hasen.

„Ach du lieber Freund. In Wald Vegas heiraten doch alle geheim! Heute Abend gibt es ein Fest auf der Wiese Wunderschön und du bist unser Ehrengast!" Das versöhnte den HHH-Hasen einwenig. Hummel Bummel umarmte seinen besten Freund und entschuldigte sich für die Sorgen, welche er dem armen Hasen bereitet hatte.

Am Abend gab es wie versprochen ein riesiges Fest. Alle waren da – bis auf Hilda. Die wartete in ihrem Netz auf – nein, das wollen wir gar nicht wissen!

Irene-Maria Seimann arbeitet seit 11 Jahren mit Kindern und Jugendlichen, besonders wichtig ist ihr die Tätigkeit als Trauerbegleiterin. Seit sie nicht mehr im hektischen Wien wohnt, sondern im waldreichen Oberösterreich, ist ihr Leben sehr naturverbunden geworden. Die Gartenarbeit ist ihre Leidenschaft und natürlich das Geschichtenschreiben. Leidenschaftlich verschlingt sie Krimis von englischen Autorinnen. Sie schreibt Geschichten, die Mut machen, denn Kinder fühlen sich oft zu klein für diese Welt.

Daniela Faber

Die geheimnisvolle Lok

Samuel hockte nachdenklich auf der steinernen Stufe vor der Haustür und wusste nicht, was er tun sollte. Denn er hatte ein ziemlich schwieriges Geheimnis zu knacken. Das Geheimnis der Lokomotive.

Alles hatte so harmlos angefangen. Nach dem Frühstück hatte Mama Samuel gebeten, draußen zu gucken, ob wieder jemand den halben Briefkasten mit Reklame vollgestopft hatte, wie jeden Sonntag. Samuel seufzte. Auch noch arbeiten. Unfair. Aber er nahm sich trotzdem Papas Schlüsselbund und öffnete die Haustür. Und da lag sie. Auf der Fußmatte. Schwarz, aus Plastik, mit roten Speichenrädern und silbernen Beschlägen. Eine Lokomotive.

Samuel guckte sich schnell um, aber kein Mensch war auf der Straße zu sehen. Er bückte sich und hob das Spielzeug hoch. Und fast hätte er es wieder fallen lassen, denn die Lok war nass und etwas klebrig. „Bääh, voll e-ke-lig!" rief er und rannte mit der verschmierten Lok ins Badezimmer, um sie abzuwaschen. Aber da war seine Schwester drin, um sich zu schminken, das konnte Stunden dauern. Also trug Samuel die Lok in die Küche, wo Mama und Papa gerade die Spülmaschine füllten. „Na, was hast du denn da?" fragte Papa zwischen zwei Tellern.

„Hab ich vor der Tür gefunden", gab Samuel Auskunft und fragte gleich hinterher: „Kann ich die behalten? Da war weit und breit keiner, dem sie gehörte, ehrlich!"

Die Eltern guckten sich beide das Spielzeug an und Mama meinte dann: „Tja, Sami, die wird wohl einem anderen Kind gehören, denkst du nicht? Guck mal, eine Lok alleine braucht doch keiner, da fehlt doch noch der Tender für die Kohlen und die Waggons, nicht wahr?"

„Absolut richtig", warf Papa daraufhin ein, „es fehlen noch Schienen, Weichen, ein Bahnwärterhäuschen, die Signale, die Passagiere, lauter Bäume, ein Berg mit Tunnel, ein Sessellift den Berg hinauf und oben auf dem Berg – " Mama verdrehte die Augen. Ihr Mann träumte seit Jahren von einer großen Eisenbahnanlage auf dem Dachboden.

„Ja, genau", sagte sie, „aber erstmal müssen wir jetzt rausfinden, wem die Lok wirklich gehört." Papa und Samuel guckten sie mit großen bettelnden Augen an, aber Mama blieb unerbittlich. Schließlich nahm Papa Samuel an der Schulter und schob ihn zur Haustür hin. „Du bist ja schon fast ein Mann, Samuel, also … Augen zu und durch. Finde heraus, wem die Lok gehört. Ich verlasse mich auf dich, mein Großer." Samuel schluckte. So war das also, wenn man schon fast ein Mann war.

Und nun saß Samuel vor der Tür und wusste nicht, was er machen sollte. In der Hand hielt er die geheimnisvolle Lok umklammert. Vier andere Häuser lagen noch in dieser Straße. Aus welchem mochte die Lok stammen?

Plötzlich stand ein fremder Junge mit einem Hund neben Samuel. „Na?" fragte der Junge.

„Na?" fragte Samuel zurück und guckte auf den Hund.

„Der beißt nur Leute, die er nicht mag", sagte der Junge und grinste. „Ich heiße Devid und du?"

„Samuel."

„Okay. Das ist Micke, mein Hund, er ist ein Labrador. Ich bin schon sieben. Du auch?" fragte Devid und streichelte Micke, den Hund. Samuel nickte. „Cool", sagte Devid. „Was machst du denn so?"

Samuel überlegte, ob er dem Jungen von dem Geheimnis der Lok erzählen sollte. Er fragte sich, wo der Junge wohl wohnte, denn er hatte ihn in der Straße noch nie gesehen.

„Super Lok, die du da hast. Ist das deine?", fragte Devid dann. Samuel guckte auf die Lok, die er immer noch umklammert hielt.

„Ja ... nein."

Devid grinste. „Was denn nun?" Micke, der Hund, schnupperte an der Lok und wedelte erfreut mit dem Schwanz. Samuel seufzte. Und dann erzählte er Devid von der Lok und was heute Morgen passiert war. Devid hörte genau zu und dann nickte er.

„Kennst du Sherlock Holmes und Dr. Watson?"

„Ja, klar", antwortete Samuel. Er liebte Detektivgeschichten.

„Na, dann weißt du ja, wie's geht. Ermitteln wir den Täter und die Person, der die Lok gehört. Hast du Lust?" Samuel machte „M-hm", was soviel wie *ja* heißen sollte.

„Also, was weißt du über die Lok?"

Samuel überlegte. „Tja ... nichts."

Devid lachte. „Du lügst."

„Gar nicht! Ich hab die Lok noch nie gesehen, in meinem ganzen Leben nicht!" brauste Samuel auf.

„Okay, bleib cool. Ich weiß zum Beispiel, dass mit der Lok sehr viel gespielt wurde."

Samuel sah Devid an. „Woher weißt du das?"

„Na, die ist voll abgenutzt." Samuel staunte nicht schlecht. Devid hatte recht.

„Nebenan wohnen die Schneiders. Die haben drei Kinder. Vielleicht gehört sie denen", meinte Samuel. „Hoffentlich nicht", dachte er.

„Gehen wir fragen", entschied Devid und klingelte einfach beim nächsten Haus. Frau Schneider öffnete.

„Hallo, Frau Schneider", sagte Devid, „haben Ihre Kinder eine Lok verloren? Wir haben eine gefunden."

Samuel hielt ihr die Lok hin. Aber Frau Schneider schüttelte den Kopf. „Das ist nett, dass ihr fragt, aber die Eisenbahn meiner Kinder hat keine Dampflok, sondern eine Elektrolok."

Devid lächelte. „Macht nichts. Danke schön." Und Frau Schneider schloss wieder die Tür. „Tja, erster Versuch hat nicht geklappt. Was jetzt?"

Samuel überlegte. „Da drüben wohnen Herr und Frau Möller, die sind schon sehr alt. Die haben bestimmt keine Eisenbahn."

„Fragen wir", beschloss Devid und klingelte wieder. Es dauert ein bisschen, bis Herr Möller öffnete.

„Ja bitte?"

„Guten Tag. Ich heiße Devid und das ist Samuel. Ist das Ihre Lok? Wir haben sie gefunden."

Herr Möller rückte sich die Brille zurecht. „Das ist eine sehr schöne und teure Lokomotive, denke ich. Aber sie gehört nicht uns, nein, nein. Leider." Und Herr Möller ging wieder rein.

„Eine teure Lok also. Die Leute da in dem Haus", sagte Samuel und zeigte auf das dritte Haus, „die sind reich. Die haben ein Wohnmobil, ein Au-pair-Mädchen aus Japan und einen Swimmingpool im Garten. Da fragen wir jetzt." Devid stand hinter Samuel, als dieser bei den Auerbachs klingelte und streichelte Micke, den Hund.

„Hallo, guten Tag, ich bin Samuel von da drüben. Ist das deine?" Eric, der Sohn der reichen Familie, stand im Türrahmen. Er guckte sich die Lok an und meinte: „Nö. Ich habe drei verschiedene Eisenbahnen und die sind alle viel besser. Die hier hat ja sogar Bissspuren. Pööh."

Eric knallte die Tür zu. „Blödmann", dachte Samuel. Aber er guckte sich die Lok noch mal ganz genau an. Und es stimmte, was Eric gesagt hatte. Jemand hatte tatsächlich auf der Lok rumgekaut. Aber wer machte denn so etwas?

„Bleibt nur noch das vierte Haus, oder?" fragte Devid

und ging zur Tür, um zu klingeln. Micke, der Hund, schnüffelte mit wedelndem Schwanz an der Fußmatte herum. Kaum öffnete sich die Tür, da stürmte der Hund bellend ins Haus hinein. Ein Mann stand vor den beiden Jungs. Samuel hatte ihn noch nie gesehen. Der konnte hier noch nicht lange wohnen.

„Na, ihr beiden? Was gibt's?" Der Mann hielt einen Pinsel in der Hand und hatte Farbe im Gesicht. Samuel wunderte sich, dass sich der Mann nicht über den Hund wunderte, der ins Haus gelaufen war.

„Diese Lok hier", sagte Devid und hielt das Spielzeug hoch, „wem gehört die?" Der Mann grinste. Samuel fand, dass er und Devid das gleiche Grinsen hatten. Das war schon merkwürdig. Aber bevor der Mann antworten konnte, kam Micke, der Hund, wieder zurückgelaufen. Und was hatte er im Maul? Einen Tender, der genauso aussah wie die Lok und deshalb wahrscheinlich zu ihr gehörte. Samuel staunte. Was war hier los? Micke gab Devid den Tender. Der war jetzt ganz nass und klebrig von der Spucke des Hundes. Und da plötzlich verstand Samuel.

„Warum hast du nicht gleich gesagt, dass es deine ist?" fragte Samuel. „Sie gehört eigentlich Papa, aber Micke spielt immer damit, also gehört sie ihm jetzt. Und außerdem, war doch so viel spannender, findest du nicht?" meinte Devid. Die beiden Jungs saßen im neu gestrichenen Wohnzimmer von Devids Familie, wo überall noch Umzugskartons herumstanden, und aßen ein Eis, während Micke, der Hund, mit der Eisenbahn spielte. Samuel war zufrieden. Er konnte zwar die tolle Lok nicht behalten, aber er hatte einen neuen Freund gefunden, und das war viel besser, als nur ein neues Spielzeug zu finden.

Daniela Faber, geboren 1973, wohnhaft in Hamburg, war zehn Jahre lang im Buchhandel tätig und arbeitet nun in einem Baumarkt. 2009/10 gewann sie beim Schweriner Literaturwettbewerb und veröffentlichte in mehreren Anthologien.

Yanick Etter

Was für eine Nacht

Jonas liegt ruhig in seinem Bett und schaut aus dem Fenster. Die Sterne leuchten ihm entgegen und er beginnt, sie zu zählen. Einen nach dem andern.

Als Jonas aufwacht, ist es stockfinstere Nacht. Irgend so ein komischer Traum hat ihn geweckt, doch er hat ihn bereits wieder vergessen. Die drückende Hitze in seinem kleinen Zimmer stört ihn und so steht er auf, tastet sich Richtung Fenster und öffnet es.

Das Zimmer von Jonas befindet sich im ersten Stock. Er streckt seinen Kopf weit aus dem offenen Fenster und saugt die frische, kalte Nachtluft ein. Plötzlich bemerkt er da unten eine Bewegung. Angestrengt starrt er ins Dunkel. Da – wieder! Jonas spitzt die Ohren und wartet. Als er plötzlich einen Ast knacken hört, schließt er schnell das Fenster und springt zurück in sein Bett. Er zieht sich die warme Decke bis über die Ohren und wartet.

Jonas ist schon elf Jahre alt und kann gut im Dunkeln schlafen, doch nun bekommt er plötzlich ein bisschen Angst. Wer schleicht denn schon mitten in der Nacht in einem Garten herum? Ein Einbrecher? Eine Hexe? Oder gar ein Mörder? Plötzlich fällt ihm ein, was ihm sein Freund Jakob heute Morgen in der Schule erzählt hatte: „Ich habe letzte Nacht bei mir Zuhause im Zimmer ein Gespenst gesehen, und es hat mir mitten in die Augen geschaut! Wirklich!"

Nun bekommt es Jonas aber wirklich mit der Angst zu tun und er beschließt, sofort wieder einzuschlafen. Doch irgendwie geht es nicht. Da macht Jonas etwas Ungeheures: Er steht auf und geht langsam zur Türe. Nur in Pyjamahose und T-Shirt schleicht er auf den Flur hinaus. Im Zimmer nebenan hört er seine Eltern friedlich schnarchen und so geht er auf Zehenspitzen die Holztreppe zum Wohnzimmer hinunter.

Gerade als er den Lichtschalter drücken will, berührt ihn etwas am Bein! Jonas schreit leise auf und springt zur Seite. Als er sich umdreht, sieht er seine Katze Maunz davonhuschen. Erleichtert schleicht er weiter Richtung Küchenfenster. Dort angekommen klettert er auf die Küchenbank und späht angestrengt in die rabenschwarze Nacht. Nichts. Da erinnert sich Jonas daran, was ihm sein Vater neulich beim Nachtessen gesagt hat: „Wenn du groß und stark werden willst, musst du immer tapfer sein!" Beschämt bemerkt Jonas, dass er ganz und gar nicht tapfer gewesen ist und beschließt, dies nun zu ändern.

Schnurstracks geht er aus der Küche zur Haustüre und stößt sie entschlossen auf. Die Kälte schlägt ihm ins Gesicht, doch Jonas will ja tapfer sein! Also läuft er langsam an der Hauswand entlang und tastet sich bis zur Hausecke vor. Da! – Wieder ein Knacksen, gleich um die Ecke, im Garten! Weil Jonas weiß, dass ein Licht angeht, sobald er um die Ecke läuft, bekommt er noch ein wenig mehr Mut.

Seine Finger ertasten einen Besenstiel, der an der Hauswand lehnt, dankbar schließt Jonas seine kalten Finger um ihn. So bewaffnet nimmt der Junge all seinen Mut zusammen und stürmt mit einem wilden Schrei um die Ecke, entschlossen seinen Feind zu besiegen. Das Licht geht an und Jonas starrt mit weit aufgerissenen Augen auf vier kleine Äuglein, die ihn ängstlich anschauen. Erleichtert merkt Jonas, was ihm so einen Schrecken eingejagt hat: Auf dem Komposthaufen sitzen zwei Igel und machen sich nun schnell davon, mit kurzen Schritten durch das Laub wuselnd.

Jonas dagegen steht mit weit aufgerissenem Mund im Garten, den Besenstiel wie zum Kampf von sich gestreckt und beginnt auf einmal laut zu lachen, als er einsieht, dass ihm seine Fantasie einen Streich gespielt hat. Munter hüpft er zurück ins Haus und rennt die Treppe hinauf zu seinem Zimmer. Im Bett angekommen, schließt er die Augen und schläft bald ein. Und während Jonas friedlich von einer niedlichen Igelfamilie träumt, tritt unten im Garten eine große dunkle Gestalt hinter einem Baum hervor und schleicht lautlos davon.

Yanick Etter ist 16 Jahre alt und kommt aus Zollbrück in der Schweiz. Sein Lieblings(krimi)buch ist „Das Parfüm".

Eileen Fraust

Der Seelandschatz

Mitten im schönen Sachsen-Anhalt liegt die kleine Gemeinde Seeland. Trotz eines verheerenden Erdrutsches im Juli 2009 ist dies ein schöner Fleck Erde.

Genau in diesem Ort macht Cora mit ihrem Vater Björn, der Stiefmutter Anja sowie ihrer älteren Stiefschwester Lilly Urlaub bei den Großeltern. Die Patchworkfamilie ist das erste Mal zusammen hier.

Gemeinsam machen sie sich auf den Weg zur Heimatstube. Dort werden sie von Horst Brückner in die vergangenen Tage des Braunkohletagebaus und der Geschichte des Seelands entführt. Auch Paul, Coras Freund und Enkel von Horst Brückner ist da. Ein weiterer Besucher, Herr Gewaltig, schließt sich der Gruppe an. Gespannt lauschen alle den Ausführungen.

Herr Brückner schlägt ein sehr altes Buch auf. Die Seiten sind vergilbt und abgegriffen. Aus dem hinteren Teil hängt eine Seite schräg heraus. Cora zieht vorsichtig daran und die Kinder trauen ihren Augen nicht.

„Schaut, eine Schatzkarte. Opa, kannst du uns mehr über die Karte erzählen?", erkundigt sich Paul.

„Wollt ihr wirklich wissen, was es mit der Schatzkarte auf sich hat?" Mit strahlenden Augen drängen sich die drei Kinder um ihn. „Die Karte hat der Ururgroßvater eines Freundes gezeichnet."

„Erzähl uns mehr. Bitte erzähl uns mehr davon? Hat er den Schatz schon gefunden?", fordern ihn die Kinder auf. Lächelnd beginnt er zu berichten.

Neugierig lauschen die Kinder und Erwachsenen.

Auch Herr Gewaltig spitzt die Ohren.

„Wisst ihr, damals gab es den Concordiasee noch gar nicht. Dort wo jetzt der See ist, stand das Dorf Alt Nachterstedt. Damals wurde mit dem Abbau der Braunkohle begonnen. Herrn Gareis fiel bei Grabungen ein Tagebuch und eine Karte in die Hand. Beides war sehr schlecht lesbar, deshalb versuchte er, das Tagebuch zu entziffern und eine neue Karte zu zeichnen. Dabei muss ihm aber ein Fehler unterlaufen sein. Weder er noch jemand anderes konnten den Schatz finden. Die neueren Aufzeichnungen geben die Lage des Schatzes nicht preis."

Paul meldet sich zu Wort: „Wo sind denn die alten Unterlagen jetzt?"

„Das weiß niemand Paul. Nur das neuere Tagebuch existiert noch und befindet sich in meinem persönlichen Besitz."

„Opa, wenn du das neue Tagebuch hast, weißt du vielleicht doch, wo das alte Tagebuch ist?" Erwartungsvoll schauen die Kinder Herrn Brückner an.

„Das ist eine gute Frage mein Lieber. Es gibt mehrere Geschichten darüber. Anscheinend wurde es vergraben, damit niemand den Schatz finden kann. Er sollte verborgen bleiben, da die Menschheit damit nicht würde umgehen können. Zu Hause habe ich aber noch ein weiteres Buch, das euch weiter helfen könnte. Ich such es euch heraus."

„Oh ja. Dann können wir noch mal alles lesen und vielleicht finden wir das richtige Tagebuch und dann auch den Schatz."

„Jetzt geht es aber erstmal nach Hause", mischt sich Coras Vater ein. Fest im Arm hält Cora die Schatzkarte und das neuere Tagebuch. Was sie und ihre Freunde nicht bemerken: Herr Gewaltig folgt ihnen unauffällig.

Während des gemeinsamen Grillens schmieden die Kinder einen heimlichen Plan. Da Lilly und Cora im Zelt im Garten übernachten, wäre es nicht schwer, sich davon zu schleichen. Paul wird es auch irgendwie schaffen, daheim auszubüchsen. Und so läuft auch alles nach Plan. Bewaffnet mit Schatzkarte und Tagebuch begeben sich die Mädchen mit ihren Rädern zu Paul. Der wartet schon ungeduldig. Er hat an alles gedacht. Taschenlampe, Kompass und Spaten. Natürlich seine Lieblingskekse nicht zu vergessen.

„Mensch Paul, du bist echt der Hammer." Bewundernd klopft Cora ihm auf die Schulter.

„Lasst uns endlich gehen sonst geht die Sonne auf und wir sind keinen Schritt weiter", ermahnt Lilly die beiden.

„Wo fangen wir denn an?", wirft Lilly in die Runde. Cora zieht die Schatzkarte heraus und traut ihren Augen nicht.

„Seht mal. Da ist gar nichts mehr drauf. Wie sollen wir denn so den Schatz finden?" Paul kichert in sich hinein.

„Was gibt es da zu lachen", Lilly funkelt ihn zornig an.

„Schon gut Lilly. Ich hab vorsichtshalber eine Kopie mitgehen lassen. Ich wollte mir die in Ruhe anschauen."

„Puh, bloß gut, dass du daran gedacht hast. Aber wo ist die andere Karte?" Grübelnd fährt sich Cora durch ihre braunen, langen Haare.

„Egal wo die ist, lasst uns aufbrechen."

„Wir fangen auf dem Abenteuerspielplatz an. Laut Tagebuch hat Herr Gareis da auch begonnen. Wäre doch nur logisch, dort das Tagebuch zu verstecken. Es wird allerdings schwierig werden, da damals alles anders ausgesehen hat", wirft Cora ein.

Sie bemerken nicht, wie ihnen Herr Gewaltig bereits auf den Fersen ist.

Auf dem Seelandspielplatz angekommen, finden sie schnell mit Kompass und Taschenlampe den Startpunkt ihrer Suche. Sie müssen sehr vorsichtig sein, da das Gebiet rund um den See ist immer noch Sperrzone ist und überwacht wird. Vorsichtig schleichen sie sich voran. Die Angst im Nacken, erwischt zu werden.

Ein verdächtiges Geräusch lässt sie aufhorchen. Paul leuchtet in diese Richtung. Nichts.

„Weiter Mädels. Wir müssen uns beeilen. Hier irgendwo ist das richtige Tagebuch versteckt. Ich hab zu Hause in Opas Buch nachgelesen. Dort war die Rede von einem richtigen und einem falschen Schatztagebuch. Genau, wie Opa es erzählt hat. Es wird allerdings vermutet, dass es keinen Schatz gibt. Dieser Herr Gareis schien wohl verrückt gewesen zu sein. Ich denke allerdings sehr wohl, dass es diesen Schatz gibt, denn vieles deutet drauf hin, dass ...“

„Pssst. Seid ruhig", fällt Cora Paul ins Wort. „Lauscht! Da ist jemand." Verängstigt drücken sich die drei eng aneinander.

„Mädels. Ich glaub, ich weiß, wer das ist."

Erstaunt blicken sie sich an. Leise spricht Paul weiter. „Das ist Herr Gewaltig von gestern. Der war bei der Führung in der Heimatstube dabei."

„Genau. Der hat die ganze Zeit so interessiert bei uns gestanden und alles mitgeschrieben, was erzählt wurde" stimmt Lilly ein. Cora greift nach den Händen der beiden.

„Hört zu. Wir müssen vorsichtig sein. Ich glaube, dass dieser Fiesling uns die Schatzkarte gestohlen hat. Wie weiß ich nicht. Aber wie sollte er sonst hierher kommen?"

„Du hast recht, Cora. Kommt. Wir müssen schneller sein als dieser Typ und das wäre doch gelacht, wenn wir ihm nicht zuvorkommen."

Während die Kids nach dem Schatztagebuch graben, haben sich ihre Eltern bereits auf die Suche nach ihnen gemacht. Ein kleiner Kontrollbesuch von Coras Vater hat ihre heimliche Flucht offenbart. Durch die Mithilfe von Pauls Opa war schnell klar, wo die Kids sich befinden.

Fleißig buddeln die unterdessen weiter.

Tiefer und tiefer. „Da ist nichts Paul. Bist du sicher, dass das Buch hier ist?"

„Ja ganz sicher Lilly."

Plötzlich stößt der Spaten auf einen harten Widerstand. Cora fällt auf die Knie und buddelt mit den Händen weiter. „Helft mit. Da ist was."

Sie legen eine kleine Metallkiste frei. Wundervoll verziert mit dem altem Nachterstedter Wappen.

„Paul du hattest recht." Vorsichtig und mit angehaltenem Atem öffnen sie die Kiste und hervor kommt ein kleines in Leder gebundenes Notizbuch mit der Aufschrift *Der Schatz von Alt Nachterstedt*.

Jubelnd liegen sich die drei in den Armen. „Jippi. Wir haben den Schatz gefunden!" Aus dem Dunkel dringt eine bedrohliche Stimme und beschert den Kindern Gänsehaut. Herr Gewaltig tritt hervor. „Vielen dank Kinder. So musste ich mir nicht mal die Hände schmutzig machen. Ihr seid wirklich sehr clever."

„Lassen sie uns in Ruhe." Paul stellt sich schützend vor die Mädchen und schreit. „Sie bekommen den Schatz nicht. Er gehört uns!"

Höhnisch lachend schiebt er Paul beiseite, der sich nach Kräften wehrt. Auch die Mädchen veranstalten ein gewaltiges Geschrei, doch Peter Gewaltig schnappt sich unbeirrt die Kiste und will verschwinden. In diesem Moment erscheinen die Väter der Kinder und überwältigen den Mann. Wenige Sekunden später eilt die Wachpolizei herbei und legt den Übeltäter in Handschellen.

„Endlich haben wir sie auf frischer Tat ertappt Herr Gewaltig. Sie sind uns schon lange ein Dorn im Auge."

„Wie konntet ihr nur allein hier her gehen Kinder? Es ist gefährlich und ...", will Pauls Vater die Kinder ermahnen, doch Paul fällt ihm ins Wort.

„Papa. Ihr dürft nicht böse sein. Schaut her. Wir haben das richtige Tagebuch gefunden. Nun können wir auch den Schatz finden."

Zufrieden, aber erschöpft treten sie gemeinsam den Heimweg an. Besser würde der Urlaub kaum mehr werden können. Doch die Kinder sind sich einig: Das nächste Abenteuer wartet bereits auf sie und natürlich der große Schatz vom Concordia See.

Eileen Fraust, *geboren 1979 in Aschersleben, Sachsen-Anhalt hat bereits während ihrer Schulzeit gerne geschrieben. Um ihrem Hobby Form zu geben, hat sie neben dem Beruf, ein Fernstudium Richtung Schriftstellerei absolviert. Weitere Hobbys sind Lesen, Motorrad fahren, Freunde und natürlich ihre Familie. Krimis von Dan Brown und Ken Follett ziehen sie in deren Bann.*

Anette Paul

Tim kümmert sich

„Hol ihn!" Tim warf den Ball. Flocke jagte hinterher und brachte ihn zurück. Immer wieder rannte der kleine Hund. Schließlich nahm Tim ihn wieder an die Leine und ging auf das Haus zu. Frau Martens, ihre Nachbarin, öffnete ihnen die Tür. Auf Krücken humpelte sie mit ihrem Gipsbein in die Küche. „Gut, das ich euch habe, alleine könnte ich mich nicht versorgen."

Tim stellte den Korb mit den Einkäufen auf den Küchentisch und räumte Milch, Eier und Aufschnitt in den Kühlschrank.

„Aber Sie haben doch Kinder", widersprach er.

„Peter muss viel arbeiten. Und Renate lebt in Neuseeland."

Tim nickte. Mutter meinte immer, Peter würde sich nicht um seine Mutter kümmern, aber das behielt Tim lieber für sich. An Renate erinnerte er sich nur noch dunkel, sie war vor fünf Jahren fortgezogen.

„Nina kommt nachher vorbei. Ich muss jetzt zum Fußball!" Tim sprang pfeifend die Stufen beim Hauseingang hinab und rannte zu ihrem Haus hinüber.

Das Fußballtraining war wieder klasse. Tim schoss sogar ein Tor. Daheim hörte Mutter ihm gar nicht richtig zu, als er davon erzählte.

„Mama, was ist los?", fragte er.

„Flocke ist tot!" Nina kam die Treppe hinunter.

„Frau Martens bat mich, sie zur Tierklinik gefahren. Aber es war zu spät, Flocke hatte Rattengift gefressen."

Tim ging noch einmal in Gedanken seinen Spaziergang

mit Frau Martens Hund durch: Sie waren auf dem Fußweg bis zum Supermarkt gegangen. Dort hatte er Flocke angebunden und war einkaufen gegangen. Zurück war er über den Wanderweg gelaufen. Auf der Wiese neben dem Spielplatz hatte er Flocke losgeleint und mit ihr gespielt. Aber er hatte sie die ganze Zeit beobachtet. Sie war nur dem Ball hinterhergelaufen. Das sagte er auch seiner Mutter.

„Wenn am Spielplatz Rattengift liegt, muss die Polizei davon erfahren." Mutter rief gleich die Polizei an. Gespannt warteten die Kinder, was sie erfuhr.

„In letzter Zeit ist kein Gift ausgelegt worden. Außerdem wird es immer so hingelegt, dass weder Haustiere noch Kinder daran gelangen."

„Flocke war vor dem Supermarkt allein", überlegte Tim weiter.

„Jemand hat sie also absichtlich vergiftet?" Nina sah ihn entsetzt an. Tim überlegte. Er war gleich nach dem Mittagessen zu Frau Martens gegangen. Normalerweise musste er zuerst seine Hausaufgaben machen, aber da sie ihrer Nachbarin halfen, brauchte er sie erst am Abend machen.

„Jemand ist mir gefolgt."

Nina kicherte. „Du liest zu viele Abenteuergeschichten." Mutter ging noch einmal zu Frau Martens hinüber und Tim machte seine Hausaufgaben. Er war noch lustloser als sonst. Seine Gedanken kreisten um Frau Martens. Jetzt hatte sie niemanden mehr. Ihr Sohn war eine Null und ihre Tochter lebte weit weg.

„Frau Martens überlegt, ins Altersheim zu gehen", berichtete Mutter beim Abendbrot.

„Zieht Peter hier ein?", fragte Vater.

„Nein, er möchte das Haus verkaufen."

Tim zog die Stirn in Falten. Als Nina ihn fragen wollte, schüttelte er nur den Kopf.

„Hast du die Adresse von Renate?", fragte er, als Nina ihn in seinem Zimmer besuchte.

„Mutter hat die Telefonnummer von ihrer Arbeitsstelle, glaube ich."

Tim schaute im Internet nach, wie viel Uhr es in Neuseeland war. Halb sechs Uhr, er musste in der Nacht telefonieren. Vorsichtshalber stellte er den Wecker auf ein Uhr. Er schlief schon lange tief und fest, als es klingelte. Leise huschte Nina herein. Barfuß schlichen sie ins Wohnzimmer, dann suchte Nina die Nummer in Mutters Adressbuch. Tim holte tief Luft, bevor er die Nummer wählte.

„Hello", meldete sich eine Stimme.

„Here is Tim Zander from Germany. Ich want so speak with Mrs Renate Lorenz. It is important."

„Am Apparat. Ist etwas mit meiner Mutter?"

Tim berichtete ausführlich von Flocke.

„Du kannst nichts dafür." Renate versuchte, ihn zu trösten, dabei sollte sie ihrer Mutter helfen.

„Sie überlegt, ins Altersheim zu gehen, dabei wollte sie nie dahin. Aber es geht ihr schlecht, erst das gebrochene Bein und jetzt die Geschichte mit Flocke."

„Und Peter hat einen Interessenten für das Haus gefunden." Renate bedankte sich bei Tim, dass er sie informiert hatte. „Jetzt musst du schlafen."

Tim legte auf.

„Also hat Peter Interesse daran, dass Flocke nicht mehr lebt", meinte Nina.

Gleich nach der Schule fuhren Tim und Nina ins Tierheim und schauten nach einem Hund. Leider gab die Tierpflegerin ihnen den netten Pudel, den sie sich ausgesucht hatten, nicht mit. „Da müssen schon eure Eltern kommen, sonst bringen sie ihn heute Abend gleich wieder."

Zum Trost durften die Kinder eine Weile mit dem Tier spielen. „Ich habe mir Sorgen gemacht." Mutter wartete schon auf sie.

„Wir haben einen Hund für Frau Martens gefunden,

aber ihr müsst ihn abholen, uns geben sie ihn nicht mit."

„Das geht nicht, das muss Frau Martens machen."

Niedergeschlagen aßen die Kinder ihr Mittagessen, anschließend gingen sie zu Frau Martens. Sie saß im Wohnzimmer vor einem Stapel Papiere.

„Was ist das?", fragte Tim.

„Der Kaufvertrag!"

„Nein, Sie müssen hier bleiben", protestierte Nina.

Tim schielte auf den Vertrag. *Fa. Bauer, Postweg*, stand da. Sie blieben eine Weile bei Frau Martens und machten Popcorn in ihrem Automaten, den sie extra für die Kinder gekauft hatte. Dann verabschiedeten sie sich.

„Wir müssen mit Herrn Bauer sprechen!" Tim zerrte Nina mit sich. Sie liefen zur Poststraße. Zielstrebig betrat Tim das Gebäude und ging zu einer Frau, die an einem Computer schrieb. „Wir müssen mit Herrn Bauer sprechen."

Die Frau reagierte nicht.

„Wenn Herr Bauer keine Zeit hat, erzählen wir der Zeitung, dass Herr Bauer Frau Martens' Hund vergiftet hat, damit sie ihr Haus verkauft!" Nina reckte ihren Kopf hoch.

Die Frau nahm das Telefon und sprach leise in den Apparat. Anschließend führte sie die beiden Kinder in das Nachbarzimmer. Herr Bauer stand auf und gab ihnen die Hand. „Was erzählt ihr denn da?"

Tim berichtete, was am Vortag passiert war und auch von dem Gespräch mit Renate. „Und heute liegt bei Frau Martens der Kaufvertrag von Ihnen."

Herr Bauer nickte. „Stimmt, ich möchte das Grundstück kaufen. Zuerst hatte Frau Martens kein Interesse. Aber neulich rief ihr Sohn an und meinte, seine Mutter müsste ins Altersheim, sie könnte sich nicht mehr versorgen und bräuchte deshalb Geld."

„Nur weil der Kerl zu faul ist, seiner Mutter zu helfen. Aber wir helfen ihr, weil sie so nett ist", sagte Nina.

Herr Bauer lachte. „Am besten fahre ich zu Frau Martens und spreche selbst mit ihr."

Tim hatte eine Idee. „Können Sie den Pudel aus dem Tierheim holen?" Er erzählte von ihrem Versuch.

Herr Bauer stöhnte. „Ihr könnt ihn mir zeigen."

Er wechselte ein paar Worte mit seiner Sekretärin, dann fuhren sie zum Tierheim. Der Hund gefiel ihm. „Wenn Frau Martens ihn nicht will, dann behalte ich ihn."

„Sie sind krass!" Tim war ihm so dankbar, dass er ihn fast umarmt hätte. Sie luden den Hund in den Kofferraum, dann fuhren sie weiter zu Frau Martens. „So, ich spreche mit ihr und ihr macht eure Hausaufgaben."

Sie verabschiedeten sich von ihm. „Er ist viel netter, als ich dachte", sagte Nina und Tim nickte.

„Wo wart ihr den ganzen Nachmittag?" Jetzt war Mutter wirklich böse, aber Tim erzählte ihr, dass sie nur versucht hatten, Frau Martens zu helfen.

Am Abend schaute Mutter noch einmal zu Frau Martens. Als sie wiederkam, erzählte sie: „Frau Martens hat einen Pflegehund. Ab morgen geht ihr mit ihm Gassi."

Schon am nächsten Morgen führte Tim den Pudel aus. Frau Martens schien das Tier zu mögen. Am Abend fuhr eine Taxe bei Frau Martens vor. „Wer kommt denn da?" Neugierig standen Tim und Nina am Fenster.

Mutter trat hinzu und erwischte noch einen kurzen Blick auf die Fremde. „Das ist Renate. Gut, dass sie kommt."

Nina und Tim sahen sich an, sagten aber nichts. Nach dem Essen ging Tim hinüber und klingelte. „Ich wollte den Hund ausführen."

„Hallo Tim, kennst du mich noch?" Renate leinte den Hund an. „Gut, das du angerufen hast", flüsterte sie Tim zu.

„Renate will hier bleiben." Frau Martens strahlte.

„Eigentlich sollte ich euch ausschimpfen, dass ihr nach Neuseeland telefoniert habt", sagte Mutter ein paar Tage später.

„Hat Renate gepetzt?", fragte Tim entsetzt.

„Nein, aber der Anruf erschien auf der Telefonrechnung." Mutter lachte und strubbelte durch seine Haare. „Frau Martens kann sicher noch lange in ihrem Haus wohnen bleiben."

„Ja", lächelte Nina.

Mit Renate im Haus war die Gefahr gebannt und kein gemeiner Hundevergifter konnte die Lage mehr sabotieren.

Annette Paul, *geboren 1958 in Hamburg, ist nach dem Abitur kaufmännische Angestellte geworden und hat dann ein Psychologiestudium angeschlossen. Sie ist Mutter von drei inzwischen erwachsenen Söhnen. Sie hat zahlreiche Veröffentlichungen von Kurzgeschichten, in Anthologien, Literaturzeitschriften und Zeitungen. Lieblingskrimi, als Kind: Enid Blytons „Fünf Freunde", heute: Petra Oelkers „Rosina".*

Xenia Cosmann

Halbe Sachen

„Laß mich bloß in Ruhe", dachte Melisande. Großmutter hatte ihre Fahrerlaubnis abgeben müssen. Jetzt be-
klagte sie weinerlich die lange Reihe ihrer Verluste: Groß-
vaters Tod, den Vermögensverfall, die Trennung von ihren
Verwandten durch das schreckliche Exil in deutschen Lan-
den, das halbe Armenbegräbnis, das ihr drohte ...

Bei solchen Jammer-Arien wirkte ihr französischer
Akzent besonders aufdringlich. Melisande kehrte ihr den
Rücken zu. Beim Hinausgehen sagte sie unbarmherzig: „Du
stirbst noch lange nicht, dazu bist du viel zu gesund. Es sei
denn, du bringst dich um, selbstverständlich aus Versehen
... sonst wäre es ja eine Todsünde. Gott befohlen, Grand-
mère!" Sie knallte die Türe zu. Dann besann sie sich, öffnete die Tür noch einmal und sagte: „Gut, dass du nicht mehr
Autofahren darfst!"

Melisande meinte wirklich, dass so alte Damen leicht
in einen Unfall verwickelt werden könnten. Sie wusste ja
nicht, dass die Großmutter nur permanentem Überschrei-
ten des Tempolimits den Verlust des Führerscheins zu ver-
danken hatte, nicht irgendeiner Altersschwäche. Das teilte
ihr mit breitem Grinsen auf dem Gesicht ihr Bruder Martin
mit. „Und den hat sie bald wieder, wetten?" Beide brachen
in unkontrolliertes Gelächter aus und stürmten abrupt die
Wendeltreppe hinab, als die Klinke quietschte.

Versteckt hinter Gobelins begutachteten die Geschwister den zornigen Abgang der Großmutter. „Jeder Zoll
eine beleidigte Herzogin!" Flüsterte der Bruder. Melisande
hatte ein schlechtes Gewissen. Sie hätte die Großmutter

erheitern, statt erzürnen sollen! Durch das hohe Fenster sahen die Kinder die einsame Gestalt durch den Nebel verschwinden. Das war wirklich kein Wetter für Spaziergänge!

„Wenn's ihr Spaß macht, nass zu werden", räsonierte Melisande und vertiefte sich wieder in ihr Buch.

„Meli!", brüllte ihr Bruder nur kurze Zeit später durch das ganze Haus. Ärgerlich fuhr sie auf, doch was sie im Fernseher sah, vor dem Martin lümmelte, verschlug ihr die Sprache. Großmutter sprach mit einem Lokalreporter. Sie stand vor einem schnittigen Auto, das sie offensichtlich zu Schrott gefahren hatte. „Du guter Gott! Grand-mère hat einen Sportwagen gestohlen!"

Die Kamera schwenkte auf das rote Sportcoupé. Nur das geflügelte Heck ragte aus einem zerbrochenen Fenster. „Auch noch einen Oldtimer! Ich weiß, wem der gehört, Zucki Zelassi!", sagte Martin.

„Psst!" Melisande wollte hören, was der Reporter zu sagen hatte. Der gab aber nur zurück ins Funkhaus. Der Bruder drehte den Ton ab und berichtete Melisande, was er vorher erfahren hatte. Großmutter hätte kurz vor der Bank einen roten Sportwagen mit laufendem Motor und steckendem Schlüssel gesehen. „Stell dir vor, da hat Grand-maman die Türe aufgerissen, sich hinters Steuer geklemmt und ist gestartet!"

Die geduckte Gestalt darin wäre ihr zuerst entgangen, aber die hätte sie dann einfach durch die andere Türe auf den Asphalt geschubst. Mit dem Regenschirm! Dann wäre sie in die große blanke Scheibe gerast, absichtlich, um den Mann mit der Pistole zu stoppen. „Das waren doch keine Profis! Der Mann mit der Waffe ist sichtbar vor unverhüllten Fenstern postiert, der Fluchwagenfahrer hängt mit halbem Hintern auf dem Beifahrersitz, und der dritte Mann flüchtet zu Fuß mit halber Beute! Unsere Oma fängt Amateureinbrecher!"

Melisande kriegte einen heimlichen Schreck. Ihre

Großmutter war wirklich zu abenteuerlustig! Die Polizei meinte das auch. Die Geschichte von der tüchtigen Rentnerin ohne Führerschein lieferte im Viertel Klatsch für eine ganze Woche. Ihre Fahrerlaubnis bekam die Großmutter trotzdem nicht wieder. Zucki kriegte seinen, schon vor Tagen als gestohlen gemeldet Wagen, lädiert zurück. Bloß der Mann mit der halben Beute tauchte nicht auf. Melisande paukte mit der Großmutter Verkehrsregeln für den Idiotentest. Fahren konnte sie ja! Nach zwei Wochen bestand sie dann auch den Test und durfte wieder fahren. Die Polizei hatte ein Auge zugedrückt. So kam es nach zwei verregneten Ferienwochen doch noch zu schönen Ausflügen, immer am Rhein entlang. Grand-mère erzählte schaurige Geschichten vom Mäuseturm zu Bingen, von der Loreley und von den Burgen Katz und Maus. Melisande fand den französischen Akzent wieder schön und ihr Bruder Martin fragte der Großmutter Löcher in den Bauch. Er wollte alles über Ritter und Räuber am Rhein wissen.

Gerade als er bisschen Ruhe gab, sagte Großmutter: „Guckt mal, da rast Zucki auf der anderen Rheinseite, fast so flott wie wir!" Erst mahnte Martin nachdrücklich, das vorgeschriebene Tempo einzuhalten, dann sagte er: „Schneller, Grand-maman, schneller, das ist Zelassis Wagen, aber es fährt ihn ein anderer!"

„Was denn nun?", schimpfte die Großmutter und drückte trotzdem aufs Gas. Sie fuhr in halsbrecherischem Tempo über die nahe Rheinbrücke und hängte sich dicht hinter das auffällige rote Auto. „Willst Du ihn rammen?" Fragte Melisande ängstlich. Sie fürchtete sich. Großmutter antwortete nicht. Sie konzentrierte sich und bat bald Melisande: „Wähle auf meinem Mobiltelefon die Nummer unserer Polizei und halt es mir ans Ohr!"

„Telefonieren während des Fahrens ist sogar bei regulärem Tempo verboten", sagte Melisande, tat aber das Verlangte. Großmutter kurvte wie eine Rennfahrerin und rief: „Wir verfolgen den dritten Mann, den Mann mit der halben Beute. Er fährt Zelassis Oldtimer!"

Melisande wunderte sich, wie ruhig sie Kennzeichen und Ortsangaben wiederholte, ja sogar Namen und Rang des Polizisten aus ihrem Gedächtnis kramte, um ihrer Aussage Nachdruck zu verleihen. Dabei ließ sie die Augen nicht von der Straße. Plötzlich unterbrach sie das unverständliche Gebrabbel aus dem kleinen Gerät: „Der Wagen verlässt diese Rheinseite mit der Fähre ab St. Goarshausen. Die nächste Fähre legt erst in zwanzig Minuten ab." Melisande war unheimlich froh. Die Verfolgungsjagd war beendet. „Jetzt stärken wir uns!", schlug die Großmutter vor. Zum Glück waren sie nicht geblitzt worden.

Eigentlich hatte Melisande genug Aufregung gehabt. Aber am nächsten Morgen weckte sie wieder eine laute Stimme. Es war der Nachbar, der alte Zelassi. Es ging mal wieder um den roten Wagen von Zucki und Grand-mère kam nicht zu Wort. Der Alte konnte brüllen, ohne Atem zu holen! Auf seinem Gartengelände stand der völlig zerstörte Oldtimer, der eigentlich in der Parkgarage der Polizei stehen sollte, denn der Fahrer saß noch in Untersuchungshaft. „Was kann denn Großmutter dafür?", dachte sich Melisande und rief die Polizei an. Martin beruhigte den Alten mit Großmutters Likör.

Der Polizist kam schnell. Es dauerte jedoch lange, ehe die komplizierte Lage geklärt war. Der Untersuchungsgefangene habe den Raub gestanden, die halbe Beute habe er noch fast vollständig bei sich getragen. Seinen Wagen hätte Zucki dann abholen dürfen. Leider war er zu Schrott gefahren worden. *Warum?* Der Polizist grinste halb.

Zucki habe zu gründlich gefeiert. *Was?* Seinen Bankraub! Denn während seine drei dummen Komplizen, der Mann mit der Waffe, der Mann mit dem Fluchtwagen und später der Mann mit der halben Beute alle durch Großmutters Geistesgegenwart außer Gefecht gesetzt worden waren, hatte Zucki Zelassi, der olle Zuhälter, ganz gelassen die andere Hälfte der Beute zu Fuß nach Hause getragen. Das wusste nicht einmal sein Vater. Leider hätten die drei betrogenen Banditen gesungen. Keine Ehre mehr unter Gaunern!

Er hatte es sich so schön vorgestellt, der Zucki: mit dem Oldtimer, der halben Beute und zwei Halbweltdamen immer den Rhein herunter bis Amsterdam. Leider ging am Gartentor sein schöner Plan genauso in die Brüche, wie sein Auto. Da warteten schon ein Pfosten und ein Posten mit dem Haftbefehl.

Der nette Polizist meinte zu Vater Zelassi: „Aus ihrem Sohn wird nie ein richtiger Bankräuber. Als Zuhälter taugt er auch nicht viel, der Zuckerbub. Er bleibt halt in allem ein halber Amateur!"

Das war ein schlechter Trost!

Melisande und Martin konnten kein Mitleid für Zucki aufbringen. Grand-mère schmiedete schon Pläne für neue Ausflüge, immer den Rhein hinunter bis nach Amsterdam.

Xenia D. Cosmann lebt in Berlin.

Renate Hemsen

Till und Tim als Meisterdedektive

Till und Tim kannten sich seit dem Kindergarten, waren unzertrennlich und hatten auch die gleichen Interessen, nämlich Fußball und Detektiv spielen. So wollte Till auf jeden Fall später einmal Polizist werden, genau wie sein Vater, der Kommissar bei der Kripo war. Tim jedoch schwebte mehr so etwas vor wie Josef, der Detektiv in der Krimiserie *Ein Fall für zwei*. Allerdings würde das wohl noch ein Weilchen dauern, denn sie waren erst zehn Jahre alt.

Wie üblich trafen sie sich an diesem wunderschönen Sonntagnachmittag am Spielplatz, kletterten auf den großen Ahornbaum, wo sie auf einem Ast sitzend bestens die nähere Umgebung beobachten konnten.

„Weißt du Till, irgendwie ist es heute langweilig. Es müsste mal etwas Aufregendes passieren. Vielleicht ein Einbruch oder sogar ein Mord!"

„Tim, du hast aber Ideen, als wenn hier jemand ermordet würde, und das auch noch vor unseren Augen. Aber halt, schau mal auf das Fenster da, vielleicht bringt der Typ sie tatsächlich um."

Und was entdeckte Tim dort: einen Mann, der eine Frau an den Haaren riss. „Cool, die scheinen sich tüchtig zu zanken. Vielleicht haben sie auch Langeweile, aber umbringen wird er sie wohl kaum."

„Nun, man weiß ja nie. Lass uns mal ruhig hier oben sitzen bleiben und abwarten, vielleicht tut er es doch."

Aber zu ihrer großen Enttäuschung verschwanden die beiden Gestalten vom Fenster, sodass sie nichts mehr sehen konnten.

Noch eine ganze Weile saßen die zwei auf ihrem Ast und schauten hinüber, aber weder Mann noch Frau tauchten ein zweites Mal auf. So überlegten sie gerade, ob sie nicht herunterklettern sollten, als sie sahen, wie die Haustür sich öffnete.

„Aufgepasst, Till, da kommt der Mann heraus. Aber was zerrt er denn hinter sich her?"

„Sieht aus wie ein Teppich. Doch scheint der ziemlich schwer zu sein", erwiderte sein Freund. „Ob es vielleicht die Leiche der Frau ist?"

In Windeseile waren sie vom Baum herunter, um hinter dem Mann herzuschleichen. „Wir sollten nur aufpassen, dass er uns nicht sieht, sonst bringt er uns auch noch um", meinte Till.

„Wollen wir nicht doch besser die Polizei oder deinen Vater rufen?"

„Nein, erst müssen wir wirklich wissen, ob es auch tatsächlich die Leiche der Frau ist, die er hinter sich herzieht."

In dem Moment öffnete sich ein Fenster, Till und Tim erkannten die Frau, die sie vorhin gesehen hatten. Nun rief sie wütend hinter dem Mann her: „Du mieses Stück, jetzt hast du auch noch meinen schönen Teppich mitgenommen." Die beiden Freunde sahen sich an und prusteten los: „Mensch, da wären wir vielleicht reingefallen, wenn wir die Polizei verständigt hätten. Es ging wohl nur um einen Ehekrach."

Die nächsten Tage waren die beiden mit Schule und Fußball voll und ganz beschäftigt und dachten nicht mehr an den Mann mit dem Teppich. Als aber Till am Freitagabend nach dem Training nach Hause kam, waren nur seine Mutter und Paula, seine Schwester, da.

„Wo ist denn Paps?", wollte er daher wissen.

„Ach, den werden wir wohl in nächster Zeit wenig sehen, denn er musste zu einem dringenden Einsatz, es ist ein Mord geschehen und sogar ganz in der Nähe."

„Und wer wurde ermordet?"

„Eine Frau, aber mehr weiß ich nicht, du kennst ja deinen Vater, er kann und darf über seine Arbeit nicht reden."

Nach dem Abendessen rief Till seinen Freund an: „Mein Paps bearbeitet einen Mordfall, eine Frau ist ermordet worden. Was meinst du, könnte das nicht die Frau von dem Typen mit dem Teppich gewesen sein?"

„Wie kommst du darauf?"

„Weil es hier in der Nähe gewesen sein soll."

„Das müssen wir unbedingt herausfinden, komm doch in die Leostraße." Aber das war leider nicht möglich, denn Polizei und Feuerwehr hatten die Straße abgeriegelt.

„Lass uns auf unseren Baum klettern!", schlug Tim sofort seinem Freund vor. „Von dort können wir sicher alles sehen."

In der Tat stand ein Krankenwagen vor dem Haus, das sie am Sonntag beobachtet hatten, und es wimmelte von Polizisten. Allerdings wussten sie immer noch nicht, ob es auch wirklich die Frau war, die sie am Fenster gesehen hatten. „Wie kriegen wir das bloß raus?", überlegten sie angestrengt.

„Vielleicht steht morgen etwas in der Zeitung. Jetzt können wir sowieso nichts unternehmen!" Und damit trennten sie sich.

Am anderen Morgen war Till früh auf den Beinen. Paps war, wie üblich bei solchen Fällen, nicht nach Hause gekommen und so holte er schnell die Zeitung aus dem Briefkasten. Die Überschrift verriet schon alles: *Frau in der Leostraße ermordet, Ehemann nicht erreichbar!* Aufgeregt las er den Artikel und fand, was er vermutet hatte: *Die beiden lebten in Scheidung und es gab schon öfter Streit wegen der Aufteilung des Haushaltes.*

Dann hatte er es ganz eilig, schlang nur ein halbes Brötchen hinunter und machte, dass er fortkam. Seine Mutter rief ganz entsetzt hinter ihm her: „Till, du hast doch noch gar nichts gegessen!"

Allerdings war Till schon durch die Tür, brannte er doch darauf, seinem Freund die Neuigkeiten mitzuteilen.

„Mein Gott, bist du aus dem Bett gefallen?", rief Tim ganz verwundert aus, denn der saß noch verschlafen am Frühstückstisch.

„Mach schnell, ich muss dir was erzählen!" Das wollte er natürlich nicht im Beisein der Eltern.

„Was gibt es denn so Spannendes?"

„Stell dir vor, der Typ von Sonntag hat doch tatsächlich die Frau umgebracht."

„Geil, hat er denn gestanden?"

„Nein, sie haben ihn noch gar nicht, aber ich wette meine tolle Armbanduhr dafür, dass er der Mörder ist. Er scheint sich wohl aus dem Staub gemacht zu haben."

Inzwischen waren sie an der Schule angekommen. „Kein Wort mehr, Tim, denn da kommt unser Streber Martin. Wir sprechen erst nach der Schule darüber."

An diesem Tag aber wollten die Stunden absolut nicht vorbeigehen. Aber auch der längste Unterrichtsmorgen hat mal ein Ende. Die beiden stürmten aus der Klasse ihrem Baum zu, denn von dort hatten sie die beste Aussicht.

„Paps hat mal gesagt, den Täter zieht es immer zurück zum Tatort", meinte dann Till. „Mal sehen, ob er recht hat."

Geschwind kletterten sie auf den Baum, von wo aus sie nicht nur das betreffende Haus, sondern auch die halbe Leostraße übersehen konnten. Auf dieser aber war inzwischen nichts mehr von dem Polizeiaufgebot des vergangenen Abends zu merken, vielmehr war im Moment da überhaupt nichts los. „Guck mal Till, wer da hinter den Mülleimern steht und auf das Haus starrt!"

„Cool, tatsächlich der Typ! Da lag mein Vater ja mal wieder richtig mit seiner Behauptung! Und was machen wir jetzt? Sollen wir nun die Polizei anrufen oder weiter beobachten?"

Diese Entscheidung wurde ihnen abgenommen, denn mit Schrecken sahen sie, dass der Mann sein Versteck verlassen hatte und geradewegs auf ihren Baum zusteuerte.

„Till, wir sitzen in der Falle", flüsterte Tim seinem Freund zu.

„Quatsch, der weiß doch gar nicht, dass wir ihn kennen und wissen, dass er seine Frau umgebracht hat."

Der Verdächtige blieb einige Momente unter dem Baum stehen, ohne die beiden zu bemerken, ehe er sich in Richtung Venloer Straße in Bewegung setzte.

„Schnell runter, ihm nach, und wenn wir wissen, was er vorhat, rufen wir Paps an." In Windeseile waren sie runter vom Baum, eilten hinter ihm her und sahen gerade noch, wie er in die Straßenbahn stieg.

Till rief über Handy seinen Vater an, der allerdings nicht begeistert war von seinem Anruf und unwirsch reagierte: „Junge, ich habe keine Zeit, ich muss einen Mörder finden!"

„Paps, der fährt gerade mit der Straßenbahn in Richtung Bocklemünd!"

„Waaas?"

In der Tat saß der Verdächtige seelenruhig in der Straßenbahn und traute seinen Augen nicht, als er an der Endhaltestelle von der Polizei in Empfang genommen wurde. Er gestand dann auch, die Nerven verloren und seine Frau erdrosselt zu haben, da man sich nicht hätte einigen können.

Till und Tim aber waren die Helden des Tages und wurden als solche auch in der Schule gefeiert. Nur Frau Haberland, die Mathelehrerin meinte: „Detektivspielen

ist schön und gut, aber das Wichtigste für Euch dürfte erst
einmal die Schule sein."

Renate Hemsen, geboren 1940 in Köln, wo sie auch heute noch lebt.
Schreiben machte ihr immer große Freude. Daher war sie auch froh,
als sie nach ihrem Ausscheiden aus dem Berufsleben dafür mehr Zeit
und Muße hatte und so schon mehrere Schreibwerke veröffentlichen
konnte.

Alexandra Oswald

Delikt d— e— l— i— k— t

Beschwingt steigen wir in Hamburg-Altona in den ICE und schmettern lauthals unsere Siegeshymne: „Buchstabier – das sind wir – Stuttgart-West, all time best!" Während wir auf unsere reservierten Plätze zusteuern, werfen uns die übrigen Fahrgäste wütende Blicke zu. Warum dürfen eigentlich betrunkene Fußballdeppen unbehelligt rumgrölen und vier junge, gut gelaunte (noch dazu stocknüchterne) Mädels nicht?

Unsere Deutschlehrerin Frau Brinkburst, die das Abteil vor uns betreten hat, zischt uns genervt zu: „Kinder! Ruhe! Wir sind ja nicht allein hier, nicht?" Kinder? Ich bin 14 3/4 und gehe, wie meine drei Kameradinnen, in die neunte Klasse. Über das *Kinder* regen wir uns innerlich dermaßen auf, dass wir aus Versehen tatsächlich ein paar Minuten still sind.

Frau Brinkburst lässt sich auf einen Fensterplatz der einen Vierer-Sitzecke fallen. Sie sieht übermüdet und angespannt aus. Wir haben sie auf diesem Ausflug wohl echt geschafft. Obwohl es mehr als eng ist, quetschen wir uns zu viert in die gegenüberliegende Sitzgruppe und stapeln unsere Rucksäcke unter den Sitzen.

„Rucksackrollmöpse", denke ich und grinse, während der Zug aus dem Bahnhof ausrollt.

Keine von uns mag sich zur Brinkburst setzen. An der Schule hat sie den Spitznamen *Stinkwurst* bekommen. Ich finde das zwar gemein, muss aber dennoch zugeben, dass diese Lehrkraft tatsächlich kräftig müffelt. Umso erstaunter sind wir, als der vorbeieilende Schaffner ihr kurz zuzwinkert.

„Wuah, flirtet der etwa? Also, mit IHR?", raunt Esra uns ehrlich entsetzt zu. Mauloffen starren wir Frau Brinkburst an – Fehler im System!

„Naja, vielleicht ... er hat sie ja schließlich nur gesehen und nicht gerochen, wisst ihr", versucht Mascha uns die Welt zu erklären.

Auf unserer dreitägigen Reise hat unsere Deutschlehrerin nicht einmal ihre spießige Faltrock-Blusen-Kombo gewechselt, wer hat da noch Fragen? Wobei – eigentlich frage ich mich schon, was sie denn dann überhaupt in ihrem Trolley-Koffer durch die Gegend rollt, wenn es schon offensichtlich kein Wechselklamotten-Equipment ist. Equipment: e-q-u-i-p-m-e-n-t. Puh, seit wir gestern Morgen das bundesweite Finale im Buchstabierwettbewerb gewonnen haben, kann mein Gehirn nicht mehr damit aufhören, komplizierte Worte in seine Einzelbestandteile aufzudröseln.

Ja, ganz recht, Buchstabierwettbewerb. Diese Mode ist nun aus den USA auch zu uns herüber geschwappt und ermöglicht es sogar unsportlichen Feingeistern wie mir, endlich einmal auf dem Siegertreppchen zu stehen.

Kloink! Überschwänglich platziert Mascha unseren fetten Goldpokal auf dem Tisch in unserer Mitte und kann es sich nicht verkneifen: „Stuttgart Weeeeest?"

„All time best!", rufen Safaa, Esra und ich die stolzdröhnende Antwort im Chor und ignorieren das kraftlose Schnauben unserer Lehrerin, das eine ihrer fettigen Haarsträhnen vibrieren lässt. Ein Mann mit tief ins Gesicht gezogener Mütze, der im Sitz hinter Mascha sitzt, reckt seinen Kopf, um zwischen ihrer und Esras Sitzlehnen hindurch, den Pokal zu begaffen. Geheimnisvoll flüstert er seinem düster dreinblickendem Kumpel auf dem Nebensitz etwas ins Ohr. Mein Magen meldet ein mulmiges Gefühl. „So ein Quatsch-Quark, nun werd mal nicht paranoid!", befehle ich mir und meinem mulmigen Magen. Paranoid: p-a-r-a-n-o-i-d.

Nur eine Minute später hat mein Magen leider allen berechtigten Grund, sich sogar regelrecht sauelend zu fühlen. Ohne jede Vorwarnung hat unser Zug plötzlich kurz nach Hannover eine Vollbremsung hingelegt. Mitten in einem Tunnel kommen wir allzu ruckhaft zum Stehen und alles fällt durcheinander. Bevor wir noch unsere verrutschten Taschen, Herzen und den Pokal zurücksortieren können, geht auch noch das Licht aus. Das Abteil übt sich in einem kollektiven *KREISCH!* Kollektiv: k-o–

„Du spinnst ja wohl komplett, Andi", sage ich mir selbst und klammer mich ängstlich an die neben mir sitzende und zitternde Safaa. Um uns herum herrscht ein riesen Lärm, alle plappern auf einmal und suchen ihre Sachen. Unter unserem Tisch raschelt es, neben mir höre ich einen Reißverschluss. Nur eine Minute später ist der Schreck vorbei und das Licht geht wieder an. Die Stimme des Schaffners ertönt im Lautsprecher: „Meine Damen und Herren, wir bitten Sie vielmals, diesen technischen Zwischenfall zu entschuldigen. Wir können unsere Fahrt nun fortsetzen und möchten Sie alle auf ein Entschädigungsfreigetränk in unser Bordbistro einladen. Unser nächster planmäßiger Halt ist Göttingen".

Gerade als ich mir Hoffnungen mache, sowohl meine schockverhuschte Frisur als auch meinen aufgeregt hämmernden Herzschlag wieder unter Kontrolle zu bekommen, taucht Mascha mit hochrotem Kopf unter dem Tisch hervor und meldet: „Der Pokal! ER IST WEG!" Wie im Donald-Duck-Cartoon präsentiert der Tisch nun seine auffallend glänzende Leere. Panisch beginnen unsere acht Hände, alles in der Umgebung abzusuchen. Ich ertappe mich dabei, wie ich sogar den Deckel des kleinen rechteckigen Mülleimers anhebe und hereinspähe. A-b-s-u-r-d!

„Vielleicht ist er ja durch den Gang gerollt", schlägt Frau Brinkburst besorgt vor und schaut schnell nach rechts und links. Die anderen Fahrgäste scheinen uns noch immer unsere anfängliche Grölerei übel zu nehmen. Jedenfalls zeigen sie sich wenig hilfsbereit und heben nur murrend ihre Beine, damit wir den Boden absuchen können. Die beiden Männer, die hinter Mascha sitzen, verstöpseln sogar demonstrativ ihre Ohren mit MP3-Musik und schauen mit festem Blick stur aus dem Fenster.

Misstrauisch mustere ich ihre Sitze und das Gepäck. Ersteres beinhaltet nichts weiter als zwei Baggyhosenpopos mit besagten düsteren Männern dran. Zweites ist schlicht nicht vorhanden. Wenn sie den Pokal nicht im hohlen Zahn schmuggeln, dann sind sie wohl unschuldig. Unschuldig. Keine von uns zweifelt mittlerweile daran, dass wir beraubt wurden. Doch wie hat man uns die wertvolle Trophäe vor der vierfachen Nase weggeklaut? Noch dazu in einem Zug. Wegrennen ist schließlich nicht!

Wir unterbrechen diese Geschichte an dieser Stelle für eine kurze Raterunde. Wer hat den Pokal geklaut? War es:

a) der Mann mit der Mütze und sein Kumpel. Düstere Gestalten sind immer die Täter (wenn es keinen Gärtner gibt).

b) der Schaffner. Bahnbeamte haben doch immer so eine schlechte Aussprache. Der will bestimmt mit dem Buchstabierpokal angeben!

oder c) Jetzt hör schon auf mit der bescheuerten Unterbrechung und erzähl uns das Ende!

Endlich stiegen wir nach sechsstündiger turbulenter Fahrt im Stuttgarter Hbf aus dem Zug. Erschöpft bomben wir unsere Rucksäcke auf den Boden, während Mascha den Pokal mit beiden Armen fest umschlungen hält. Das neue Traumpaar. Seit ich ihn kurz vor Frankfurt mitsamt der schuldigen Person ausfindig gemacht habe, hat sie ihn keine Sekunde mehr losgelassen. Nicht einmal, um auf Toilette zu gehen. Neben uns klicken die Handschellen, zwei Paar. Ich werfe einen letzten triumphierenden Blick auf die beiden und sage: „A-r-r-e-s-t", als sie von der Polizei abgeführt werden.

„Mensch Andi", staunt Esra noch immer. „Wie konntest du nur wissen, dass ausgerechnet unsere Stinkwurst den Pokal gezockt hat?"

„Als das Licht ausgegangen ist, habe ich mich wie ihr sehr erschrocken. Gerade deshalb habe ich in der Dunkelheit aber alle Geräusche regelrecht aufgenommen. Wie ein Record-Knopf im Kopf. Als wir alle auf dem Boden rumgekrochen sind, hat sich das wieder in mir abgespielt. Der Reißverschluss!", ich setze mein wichtiges Tatort-Kommissarin-Gesicht auf. „Da wusste ich auf einmal, dass er zum Trolley unserer Lehrerin gehörte."

„Deshalb oder weil du dir auf dem Boden krabbelnd den Kopf daran angestoßen hast?", kichert Safaa. Professionell ignoriere ich diesen Einwand, reibe mir aber heimlich die kleine Beule an meiner Schläfe, als ich fortfahre: „Es war einfach zu auffällig, dass sie sich nie umgezogen hat. Ihr Koffer war von Beginn an leer, damit sie ihr Diebesgut transportieren kann. Wer würde schon die Deutsch-Wurst, äh, Brinkburst verdächtigen! Und ab da musste ich nur kombinieren."

„Eh klar, dass die nicht geflirtet haben!", setzt Esra ein. „Das war ein Zuzwinkern unter Komplizen. Der Schaffner hat im Tunnel den Zug gestoppt und die Lichter gelöscht."

„Ja und damit hatte unsere Lehrerin freie Bahn", ergänzt Mascha und kichert über ihr Wortspiel.

„Vorsicht am Gleis 13, ICE aus Hamburg fährt ab", verkündet der Lautsprecher über uns knacksend.

„Was mich aber am meisten umhaut", sage ich und blicke naserümpfend in die Runde, „die Brinkburst hat sich echt Mottenkugeln in die Taschen gesteckt, um so zu stinken. Die *wollte* alleine sitzen".

Der Zug rollt an uns vorbei.

„Ja, abgefahren" sagt Wortwitzqueen Mascha mit dem Pokal im Arm und blickt dem Zug hinterher.

Alexandra Oswald, geboren 1981 in Wiesbaden, studierte Anglistik, Germanistik und Englische Sprachwissenschaften in Mainz. Darüber hinaus verfügt sie über eine intensive „Kindergarten-Ausbildung" in sämtlichen „Fünf Freunde"-Bänden. Seit sie zum Team des Papierfresserchens MTM-Verlags gehört, verspürte sie einen wachsendne Hunger, endlich wieder eigene Geschichten zu schreiben. Die Arbeit an dieser Krimi-Anthologie hat den endgültigen Anstoß und damit diesen ersten Text geliefert.

Inhaltsverzeichnis

Papierfresserchens MTM-Verlag

Die Bücher mit dem Drachen

Constanze Budde
Streetex: Von dort
Taschenbuch
ISBN : 978-3-86196-045-4, 10,90 Euro

Freddy haut nur mit seiner Gitarre bestückt aus dem Internat ab. Wohin er soll, weiß er nicht - Hauptsache erst einmal weg! In einem Jugendfreizeitheim bekommt er Hilfe angeboten und findet neue Freunde.

Eine Gruppe Jugendlicher, deren Leben alles andere als gerade und leicht verlaufen ist, suchen durch gemeinsames Musikmachen einen Sinn in ihrem Leben und einen Weg aus ihren ganz persönlichen Krisen.

Constanze Budde trifft in jedem Sinne den Ton der Straße. Über das Finden von sich selbst, von echten Freunden und vom Halt in der Musik! Streetex lässt den literarischen Fuß mitwippen.

Jürgen Schönfisch
Im Zeichen der Krähe: Die Insel
Taschenbuch
ISBN: 978-3-86196-058-4, 8,90 Euro

Vor knapp einem Jahr haben die Schwestern Ragna und Linn auf der Insel in dem großen See einen alten Schatz gefunden. Nun haben sie mit ihren Eltern beschlossen, die Insel zu pachten und für Touristen als Abenteuerinsel zu öffnen.

Als sie gemeinsam die Insel erneut erkunden, um Gefahrenquellen zu beseitigen, geraten sie in Bedrängnis und entdecken Hals über Kopf weitere Geheimnisse in den Höhlen des sagenumwobenen Eilands.

Ein neues Abenteuer beginnt. Begleitet von einer alten Bekannten, der Krähe.

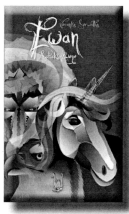

Veronika Serwotka
Ewan – Schicksalswege
ISBN: 978-3-861960-23-2
Taschenbuch, 640 Seiten

Ein Jahrtausende alter Krieg. Ein fantastisches Reich voller Elfen und Dämonen. Eine uralte Prophezeiung. Ausgerechnet ein Fremder, der die Last des Auserwählten trägt. Durch ein Portal gelangt der junge Ritter Sir Ewan von Thul in das wundersame Kanesill, in dem der heimtückische Dämon Exorios nach der Macht greift. Um das Land vor seinem Untergang zu bewahren, gibt es nur eine Möglichkeit: Die Geister der vier Elemente in Ewans einzigartigem Schwert zu vereinen. Neben blutrünstiger Kreaturen und hinterlistigen Magiern muss sich der Ritter gegen den Mächtigsten aller Feinde wehren: sich selbst und sein eigenes Gewissen.

Claudia Lietha
Snip und die Suche nach den magischen Schlüsseln
Taschenbuch
ISBN: 978-3-86196-082-9, 11,50 Euro

Felina Engel traut ihren Augen kaum, als während eines heftigen Sommergewitters am Himmel von Brockheim plötzlich eine rote Leiter erscheint und kurze Zeit darauf ein seltsam aussehender Junge namens Snip vor ihr steht. Dieser behauptet, 330 Jahre alt zu sein, aus Melasien zu stammen und von der Erde aus eine geheime Mission durchführen zu müssen: Er soll nämlich die vier magischen Schlüssel wiederbeschaffen, die sein Ururgroßvater Melony Snip vor sehr langer Zeit an vier geheimen Orten im Universum versteckt hatte ...

Zusammen mit Snip, ihren Freunden Lena Blümle und Lian Klein sowie dem Kater Merlot begibt sich Felina Engel auf eine abenteuerlich-fantastische Reise, die sie nicht nur auf Engels Dachboden, sondern auch ins ferne Weltall führt ...

Annemarie Roelfs
Underground: Die grüne Hölle
Taschenbuch
ISBN : 978-3-86196-045-4, 10,90 Euro

Niemals hätte Dea gedacht, dass ihr Freund Aime ein solches Geheimnis hat. Wenn sie darüber nachdachte, war sie sich auch sicher, dass sie es niemals herausgefunden hätte, wenn es nicht auf diese Art herausgekommen wäre:

Irgendwer hatte ihm und seiner Familie ein hartes Ultimatum gestellt: Entweder sie, Dea, würde eine von ihnen werden oder sie würde demnächst die Bäume von unten betrachten.

Nun war sie also eine Blutsaugerin und sie konnte sich damit absolut nicht anfreunden.

Der wahre Horror beginnt mit dem Familienumzug.
In die grüne Hölle.
Nun heißt es überleben und
die anderen am Leben lassen ...

Alexandra Müller
Elias: Die Entführung
Taschenbuch
ISBN: 978-3-86196-043-0, 8,90 Euro

Eigentlich wollten Jan-Ole und seine Freunde nur ganz normale Ferien zusammen verbringen. Doch dann führt sie eine Erbschaft in die Wälder Schwedens. Gleich in der ersten Nacht machen sie eine unglaubliche Entdeckung. Sie finden einen Elch, Elias, der so ganz anders ist als seine Artgenossen. Und damit beginnt das Abenteuer: Eine Entführung, ein Erpresserbrief und eine lange Reise in den Norden Schwedens. Warum wurde Emma entführt? Was hat der Elch damit zu tun? Aber vor allem: Können die Kinder die Forderungen der Entführer erfüllen? Es beginnt ein anstrengender, Kräfte zehrender Weg durch die skandinavische Natur, durch Wälder, in denen nicht nur die angenehmsten Zeitgenossen hausen, an tiefen Seen vorbei und durch saugkräftige Moore, die gerne auch mal einen Schuh verschlucken.

Tanja Pütz
Der Schatz der Insel KaSaLu
Hardcover
ISBN: 978-3-86196-062-1, 15,50 Euro

Auf der Insel KaSaLu soll es einen ganz besonderen Schatz geben. Darüber hat Bono in einem Buch gelesen. Deshalb reist er auf die Insel KaSaLu und lernt dort den lustigen, immer hungrigen Wasserdrachen Ora kennen.

Zusammen erleben sie ein spannendes Abenteuer, das sie einmal über die Insel führt und bei dem sie so manche schwere Hürde zu überwinden haben. So müssen sie sich beispielsweise immer wieder gegen den böse Brotos und seine Schattenmonster verteidigen. Der rätselhafte See und der verzauberte Wald erschweren ihre Suche auch ungemein. Und sie begegnen vielen interessanten Bewohnern der Insel, so z.B. den verwirrenden Waldlingen oder dem kleinen Bergdrachen Nico.Und schließlich finden sie den Schatz der Insel KaSaLu, der so ganz anders ist, als sie erwartet haben! Eine wahrhaft magische Geschichte ...

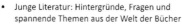

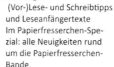

Papierfresserchens MTM-Verlag
Heimholzer Straße 2, 88138 Sigmarszell
www.papierfresserchen.de
info@papierfresserchen.de
Tel.: 08382/2799434 oder 0179/2071404